"똑" 스페인어
똑 소리나게 쓰기

한국외국어대학교 스페인어과

HUiNE

스페인어 "똑" 소리나게 쓰기

초판 1쇄 발행 2013년 2월 25일
초판 2쇄 발행 2014년 4월 30일

지 은 이 한국외대 스페인어과 정혜정·김광희·박소영
발 행 인 김인철
발 행 처 한국외국어대학교 출판부
130-791 서울시 동대문구 이문로 107
전화 (02)2173-2495~7
팩스 (02)2173-3363
홈페이지 http://press.hufs.ac.kr
전자우편 press@hufs.ac.kr
출판등록 제6-6호(1969. 4. 30)
디자인·편집 디자인퍼브 02)2254-4308
인쇄·제본 (주)현문자현 031)902-1424

ISBN 978-89-7464-806-0 13770 정가 16,000원

* 잘못된 책은 교환하여 드립니다.

HUiNE 은 한국외국어대학교출판부의 어학도서, 사회과학도서, 지역학 도서 Sub Brand이다. 한국외대의 영문명인 HUFS, 현명한 국제전문가 양성(International+Intelligent)의 의미를 담고 있으며, 휴인(携引)의 뜻인 '이끌다, 끌고 나가다' 라는 의미처럼 출판계를 이끄는 리더로서, 혁신의 이미지를 담고 있다.

머리말

스페인어는 스페인을 비롯하여 대부분의 중남미 국가에서 사용되는 언어로, 중국어 다음으로 모국어 사용 인구가 많은 언어이다. 오늘날 한국이 스페인어권 국가들과 정치, 외교, 경제, 통상, 문화 교류를 확대해나가고 있는 이유도 바로 여기에 있다. 2004년 한·칠레 FTA 체결을 계기로 페루, 콜롬비아, 멕시코 등 다른 중남미 국가들과도 FTA를 체결 혹은 협상 중에 있다. 더욱이 2012년은 한국과 중남미 여러 국가들이 수교 50주년을 맞은 국가적 모멘텀의 해이기도 하다. 이러한 국내외적 상황을 고려해 볼 때, 스페인어가 세계적으로는 물론 한국에서도 차지하는 중요성과 그 확장성은 아무리 강조해도 지나치지 않을 것이다.

이 책은 스페인어 초보자가 표현하고자 하는 내용을 문법적으로 정확하게 쓰고, 또한 상황에 적절한 문장을 구사할 수 있도록 만든 '쓰기' 교재이다. 총 13개 과로 구성되어 있으며 각 과는 필수적인 문법, 심화 설명인 잠깐!, 주요 포인트를 집어주는 Tip, 유용한 표현에 관한 설명, 연습 문제 등을 담고 있다. 특정 문법 요소 외에도 스페인어 학습자들이 어려움을 겪는 관사나 대명사의 용법을 자세히 비교 설명하였고 연습 문제에서는 대명사를 통해 어휘, 표현, 내용의 반복을 피하는 법을 익히게 하였다. 문장의 연습과정에서 학습자의 특별한 주의가 요구되는 어휘는 다른 색상으로 처리하였다. 그밖에도 쓰기연습에 필요한 어휘 및 표현을 각 연습문제의 아래 부분에 제시하여 사전을 찾는 번거로움을 피할 수 있게 배려하였다. 또한 연습문제와 연계하여 학습자들이 의사소통 상황 속에서 스페인어로 표현하는 법을 익히도록 하였다.

스페인어를 전공하는 학생을 대상으로 한 교재인 것을 감안하여 연습문제 해답은 부록으로 제공하지 않았지만 학습자들이 각 과를 성실히 배워서 적용한다면 문법적으로 정확하고, 문맥과 상황에 적절한 스페인어를 '똑소리나게' 표현할 수 있을 것이라고 확신한다. *¡Buena suerte!*

2013년 1월

저자 정혜정 · 김광희 · 박소영

목차

규칙 동사 직설법 현재와 SER, ESTAR, HAY

제1과

직설법 현재

스페인어의 동사는 크게 직설법, 접속법, 명령법의 세 가지 종류가 있다. 동사 변화의 기본이 되는 직설법 현재는 현재라는 시간의 축에서 일어나는 행위를 나타내지만 과거나 미래를 향하여 열려진 시제이다. 따라서 현재에 일어나고 있는 사실과 현재에 습관적으로 반복되는 일 이외에도 미래에 실현될 행위나 격언과 속담, 불변의 진리를 나타낼 때 사용한다. 현재 시제는 과거에 일어났던 사실을 보다 생동감 있게 묘사할 수 있을 뿐만 아니라, 그것이 현재 일어나고 있는 것 같은 효과를 주기도 한다. 그밖에도 명령, 혹은 권고를 할 때 사용할 수 있다.

주격인칭대명사	hablar (말하다)	comer (먹다)	vivir (살다)
yo (나)	hablo	como	vivo
tú (너)	hablas	comes	vives
él / ella / usted (Ud.) (그/그녀/당신)	habla	come	vive
nosotros (우리들)	hablamos	comemos	vivimos
vosotros (너희들)	habláis	coméis	vivís
ellos / ellas / ustedes (Uds.) (그들/그녀들/당신들)	hablan	comen	viven

동사를 변화시킬 때는 늘 먼저 주어의 인칭을 확인하는 습관을 가져야 한다. 예컨대, "마리아와 나는 마드리드에 삽니다"라는 문장을 스페인어로 옮겨야 할 때 문장의 주어인 '마리아와 나'는 1인칭 복수이다. 따라서 María y yo vivimos en Madrid가 된다. 주어의 인칭을 먼저 확인하고 이에 맞게 동사변화를 시켜야 한다.

Hablo español.
나는 스페인어를 (말)한다. (현재 행위)

María vive en México.
마리아는 멕시코에 산다. (현재 사실)

Carlos y yo comemos una paella cada domingo.
Carlos와 나는 매주 일요일마다 파에야를 먹는다. (현재 습관)

La próxima semana empezamos la nueva lección.
다음 주에는 새로운 과를 시작하겠습니다. (가까운 미래)

El ejercicio hace al maestro.
연습은 명인을 만든다. (격언)

El sol sale del este.
해는 동쪽에서 뜬다. (불변의 진리)

Bartolomé Díaz llega al extremo sur de África y lo llama cabo de Buena Esperanza.
Bartolomé Díaz는 아프리카 남단에 도착하여 그곳을 희망봉이라 불렀다. (역사적 과거)

잠깐!

규칙동사로는 amar (사랑하다), bailar (춤추다), besar (키스하다), cantar (노래하다), comprar (사다), entrar (들어가다), escuchar (듣다), esperar (기다리다), estudiar (공부하다), explicar (설명하다), fumar (담배피다), llegar (도착하다), nadar (수영하다), necesitar (필요하다), pagar (지불하다), preguntar (물어보다), preparar (준비하다), pronunciar (발음하다), trabajar (일하다), usar (사용하다), beber (마시다), comprender (이해하다), correr (뛰다), creer (믿다), leer (읽다), romper (깨다), vender (팔다), abrir (열다), aplaudir (박수치다), asistir (참가하다), decidir (결정하다), dividir (나누다), recibir (받다), subir (오르다), vivir (살다) 등이 있다.

유용한 표현

En cambio: 반면

예) Siempre llegas puntual, en cambio, tu compañero siempre llega tarde.

너는 항상 정시에 도착하는 반면, 네 짝은 항상 늦는구나.

No solo A sino también B: A뿐만 아니라 B도

예) Usamos esta expresión no solo en la lengua escrita sino también en la oral.

우리는 이 표현을 문어에서뿐만 아니라 구어에서도 사용한다.

연습문제

1. 다음을 스페인어로 표현하시오

1. 우리는 한국외국어대학교에서 스페인어를 공부합니다.

2. Gerardo교수님께서는 스페인어 작문을 열정적으로 가르치신다.

3. 파티에서 우리들은 살사를 추고 그들은 탱고를 춘다.

4. 나는 친구들과 매일 2시간씩 SNS에 접속하여 채팅을 한다. 특히 우리들은 k-pop에 대해서 많은 이야기를 나눈다.

<매일 todos los días, cada día / 접속하다 conectar / 채팅하다 chatear>

5. 요즘 젊은이들은 스마트폰으로 인터넷을 한다.

<스마트폰 el smartphone, el teléfono inteligente>

6. Carmen과 그녀의 사촌은 서점에서 일합니다. 그들은 책을 판매합니다.

<서점 la librería>

7. 방을 환기시키기 위해서 어머니는 창문들을 다 여신다.

<환기하다 ventilar>

8. 나는 매일 밤마다 Isabel과 통화를 한다.

<통화하다 hablar por teléfono>

9. 인터넷 사용자들은 매 시간마다 이메일을 확인한다.

<인터넷 사용자 el usuario de internet / 이메일 el correo electrónico>

10. Venezuela의 *El Sistema*가 방한한다.

<방문하다 visitar>

★El Sistema: 국가 지원을 받는 베네수엘라의 음악 교육 재단

11. 나는 매일 아침 오렌지 주스를 마신다.

<오렌지 주스 zumo de naranja, jugo de naranja>

12. 너는 어느 도시에서 살고 있니?

13. 내 사촌은 영어 뿐 아니라 불어도 한다.

14. 나는 음료수는 마시지 않아. 반면에 물을 많이 마시지.

15. 학생들은 토론의 주제를 매우 잘 이해한다.

<주제 tema>

2. 다음 상황을 파악하고 우리말 부분을 스페인어로 옮기시오.

[교환학생]

Ahora vivo en Colombia en la casa de mi amigo Luis. Participo en un programa de intercambio académico. 나는 여기서 오전에는 스페인어를 배우고 오후에는 도서관에서 독서를 하거나, 영화를 보거나, 또는 친구들과 많은 이야기도 나눠. 이렇게 해서 언어뿐 아니라 역사도 공부하고 싶어.

SER와 ESTAR 동사의 직설법 현재

스페인어의 ser와 estar는 영어의 be 동사에 해당한다. 따라서 주로 '~이다', '~(이) 있다'라는 의미를 갖는다. 주어의 본질적인 속성이나 상태를 나타내며 불규칙동사이다.

주격인칭대명사	ser	estar
yo (나)	soy	estoy
tú (너)	eres	estás
él / ella / usted (Ud.) (그/그녀/당신)	es	está
nosotros (우리들)	somos	estamos
vosotros (너희들)	sois	estáis
ellos / ellas / ustedes (Uds.) (그들/그녀들/당신들)	son	están

잠깐!

스페인에서는 vosotros (너희들)를 사용하고, 라틴아메리카 대부분의 국가에서는 Uds. (너희들, 당신들)를 사용한다. 이때 동사는 주어에 맞추어 스페인에서는 2인칭 복수를, 라틴아메리카에서는 3인칭 복수를 사용한다. 라틴아메리카에서는 vosotros를 사용하지 않는다.

1) Ser는 주어의 쉽게 바꿀 수 없는 속성을 나타낼 때 사용된다. 즉, 국적(출신), 신분, 직업, 성(性), 이름, 외모, 성격, 소속, 소유(ser de ~) 및 원료나 재료(ser de ~)를 말할 때 사용된다. 지병이 있는 사람을 설명할 때도 오랫동안 잘 낫지 않는 병이기 때문에 ser동사를 사용한다. 형태적으로 동사 뒤에 명사, 형용사 혹은 전치사 구가 사용되고 주어의 본질적 속성을 의미하는 서술어로 쓰인다. 이 서술부분은 'A는 B이다'의 연결 의미로 사용된 경우에 lo로 대체할 수 있다.

A: ¿Ustedes son coreanos?
당신들은 한국사람 이예요?

B: Sí, lo somos.
네, 그래요

A: ¿Y la señora?
저 여자 분은요?

B: Es de China. (= Es china).
중국인이예요.

Ella es madre soltera.
그녀는 미혼모이다.

Carmen es abogada.
까르멘은 변호사이다.

Eres hombre.
너는 남자다.

Víctor es guapo.
빅또르는 잘 생겼다.

Soy Elena.
나는 엘레나이다. (내 이름은 엘레나입니다).

María es franca.
마리아는 솔직하다

La mesa es de madera.
테이블이 나무로 되어있다.

Él es diabético.
그는 당뇨병 환자이다.

2) Estar는 주어의 일시적인 상태, 주관적 느낌을 나타낸다. 이 경우에 서술부분을 lo로 대체할 수 있다. 또한 장소부사와 함께 위치를 나타낸다.

A: ¿Cómo está tu madre?
어머니는 어떠시니?

B: Está mejor.
상태가 많아 좋아지셨어.

A: ¿Cómo estás?
잘 지내니?

B: Estoy un poco cansada.
좀 피곤해.

A: Yo lo estoy también. Quizás por el tiempo.
나도 그래, 아마도 날씨 탓인가 봐.

A: ¿Cómo está la leche?
우유 상태가 어때?

B: Está bien todavía.
아직은 괜찮아.

A: El agua está caliente ahora.
물이 지금 뜨거워.

B: Para mí está templada.
나는 미지근한데.

A: Estamos ya en verano.
이제 여름이네.

B: Sí, ya.
그래, 벌써.

A: ¿Dónde está tu universidad?
너의 (대)학교는 어디에 있니?

B: Está en Seúl, en Dongdaemun-gu.
서울에 있어요. 동대문구에요.

A: ¿De verdad? ¿Está en Seúl?
그래? 서울에 있어?

A: ¿Cómo están las manzanas?
사과가 어떠니?

B: Están todavía muy verdes.
아직 덜 익었어요.

A: ¿Cómo estoy hoy?
나 오늘 어때?

B: ¡Estás preciosa!
아주 예쁜데!

잠깐!

"Eres preciosa"는 "너는 아름답다" 즉, "원래 타고난 외모가 아름답다"라는 뜻이다. 반면 'estar'동사를 사용하면 타고난 외모와는 상관없이 특정한 시점이나 순간에 "유난히 예쁘다"라는 뜻을 갖는다.

Tip

스페인어로 글을 쓰거나 말을 할 때에는 같은 단어의 반복을 피하는 것이 바람직하다. 인칭대명사는 강조를 하고 싶은 경우가 아니라면 사용하지 않는 게 좋다. 또한 상대방이 사용한 단어를 굳이 반복할 필요는 없다. 예컨대, 친구가 "너희 어머니 상태가 좀 어떠시니?"라고 질문했을 때 "우리 어머니 상태가 많이 좋아지셨어"라고 하기보다는 그저 "많이 좋아지셨어"라고 하면 된다. 스페인어는 다른 모든 로망스어와 마찬가지로 다양한 종류의 대명사가 존재한다. 대명사를 잘 익혀서 적극 활용한다면 단어의 반복을 쉽게 피할 수 있다. 대명사를 잘 활용하는 것이 곧 실력이다.

ESTAR와 HAY 동사의 직설법 현재

Estar 동사는 고유명사 혹은 정관사를 동반하는 특정한 주어의 구체적 위치('~에 있다')에 초점을 둔다. 반면, hay 동사는 어떤 사물의 유무를 나타낼 때, 즉 '있다' 혹은 '없다'의 존재의 개념을 표현할 때 사용되는 비인칭 동사이다. 뒤에 나오는 명사의 성·수에 관계없이 항상 hay의 형태가 사용된다. 또한 hay 뒤에 나오는 말은 부정 대명사나 부정 형용사(nada, nadie, ninguno, algo, alguien, alguno), 부정 관사 (un, una, unos, unas), 또는 수량 형용사(dos, muchos, pocos 등)를 동반한 명사이거나, 관사를 동반하지 않는 명사이어야 한다. 이를 긍정문과 부정문을 통해 살펴보자.

Hay	un libro	en casa.	집에 책이 한 권 있다.
	libros		집에 책이 있다.
	unos libros		집에 책이 몇 권 있다.
	tres libros		집에 책이 세 권 있다.
	algún libro sobre la historia		집에 역사에 관한 책이 한 권 정도 있다.
	muchos libros		집에 책이 많다.
	algo		집에 뭔가가 있다.
	algún estudiante coreano		집에 한국 학생 누군가가 있다.
	alguien		집에 누군가가 있다.
No hay	ni un libro		집에 책이 한 권도 없다.
	libros		집에 책이 없다.
	ningún libro sobre la historia		집에 역사에 관한 책이 아무것도 없다.
	nada		집에 아무 것도 없다.
	ningún estudiante coreano		집에 한국 학생 아무도 없다.
	nadie		집에 아무도 없다.

다음의 예문을 통해 두 동사의 용법을 확실히 알아두자.

Hay mucha gente en la plaza, pero Carlos no está allí.
광장에 사람이 많기는 한데 까를로스는 거기에 없어.

Hay tres coches en la esquina. ¿Dónde está el de tu papá?
길모퉁이에 차가 세 대 있어. 네 아버지 차는 어디에 있니?

En el centro no hay ningún restaurante coreano. *Sanchon* está fuera de la ciudad.
시내에 한국 식당이 하나도 없어. 산촌 식당은 도시 외각에 있어.

유용한 표현

- **Estar pez en algo:** 문외한이다

  예) Estoy pez en economía.

  나는 경제학에 대해 문외한이다.

- **Meter la pata (= equivocarse):** 실수하다

  예) Siempre meto la pata cuando estoy con Silvia.

  실비아와 함께 있을 때 늘 실수한다.

연습문제

1. 다음을 스페인어로 표현하시오

1. A: 우리 아버지께서는 경찰이셔. 항상 부지런하시지.
   B: 우리 아버지도 그러신데. 열정적으로 일 하시지.
   〈부지런한 diligente, trabajador / 열심히, 열정적으로 con entusiasmo〉

2. 이 금반지는 우리 어머니 것이다. 오래 되었어.

3. 조카는 백혈병 환자인데 아직 너무 젊어.

〈백혈병 la leucemia〉

4. A: 남동생은 지금 감기에 걸렸어.
B: 나도 그런데. 나도 열이 있어.

〈감기에 걸리다 estar acatarrado, estar resfriado, tener catarro / 열이 있다 tener fiebre〉

5. 누나는 정치엔 문외한이다. 그 분야에는 전문가들이 많다.

6. Pablo Neruda는 칠레 시인이다. 그는 중남미 문학에서 매우 유명하다.

★ Pablo Neruda (1904-1973): 1971년 노벨 문학상을 수상한 칠레 시인

7. 나는 Mario이고 중학생이다. 우리 가족은 세명이다. 아버지는 산부인과 의사이고 어머니도 그렇다. 그래서 두 분께서는 일 이야기를 많이 하신다.

〈산부인과 의사 el ginecólogo〉

8. 오빠는 다국적기업의 유능한 변호사이다. 무척 개방적이고 항상 명랑하다. 언니는 대학생이고 성격이 좋다. 평상시에는 말이 많은데 오늘은 언니가 조용하다.

〈다국적 기업 la empresa multinacional / 유능한 competente / 개방적인 abierto / 평상시 habitualmente / 성격이 좋다 / 나쁘다 tener buen / mal carácter〉

9. A: 서울은 어떤 도시이지?

B: 크고 매우 현대적인 도시야. 오늘은 축제분위기이네.

〈축제 분위기이다 estar de fiesta〉

10. A: 네 여자 친구 성격은 어때?

B: 내 여자 친구는 성격이 좋아. 착하고 싹싹하고 머리도 좋아. 하지만 술을 마시면 곧잘 실수를 해.

11. A: Ricardo가 너희 클럽 소속이니?
B: 아니, 우리 클럽이 아니라 우리 라이벌 클럽 소속이야. Ricardo의 동생이 우리 클럽에 있어.

12. A: 이 최신형 노트북은 얼마야?
B: 2,000유로야. 너무 비싸니?
A: 아니. 비싸지도 않고 싸지도 않고 딱 적당해.
〈최신형 ser de último modelo〉

13. 학교 주변엔 카페가 많이 있는데 내가 좋아하는 그 카페는 없어.

14. 여행 가방에는 옷이 많이 있는데 빨간 치마는 거기에 없다.

15. 문과대학 뒤편에는 나무가 많은 길이 있다. 하지만 아무도 그 곳에 가지 않는다.

〈문과대학 la Facultad de Filología〉

2. 다음 상황을 파악하고 우리말 부분을 스페인어로 옮기시오

[문과대학이 어디에 있니?]

Mina: Buenas tardes. ¿Me ayudan, por favor? Busco la Facultad de Filología.

Carlos: La Facultad de Filología está allí, detrás del Edificio Principal.

Mina: ¡Gracias!

Carlos: ¿De dónde es usted?

Mina: 난 한국사람이야. 내 이름은 Mina야. ¿너희들은?

Carlos: 나는 Carlos이고 얘는 Ana야. 너 스페인어 잘하는구나.

Mina: 아냐, 잘 못해. 하지만 열심히 배우려고 해. 나는 서울에 있는 한국외국어대학교에서 공부하는데, 이곳에서는 스페인어 집중과정을 밟고 있어.

Ana: 아, 그렇구나. 환영해. 우리도 이 대학 학생이란다. 수학 전공이야.

Mina: 그렇구나, 만나서 반가워.

Carlos: 우리도 반가워.

Mina: 그래, 그럼 이제 난 갈게. 다음에 또 만나자.

Carlos y Ana: 그럼 또 보자.

Tomar apuntes

명사, 형용사, 관사

제2과

명사와 형용사

el hijo excelente 뛰어난 아들

스페인어에서는 일반적으로 명사를 기준으로 앞에는 관사(정관사 / 부정관사)등 한정사가, 뒤에는 형용사가 오는 경우가 많다. 따라서 관사를 쓸 때나 형용사를 쓸 때는 수식하고 있는 명사의 성(性)·수(數)와 일치시켜야 한다.

이를테면 '예쁜 소녀들'이라고 할 때 명사 '소녀들'이라는 단어의 성과 수, 즉 여성·복수가 명사 앞에 동반되는 관사와 명사를 수식하는 형용사의 성과 수를 결정짓는다는 것을 염두에 두고 항상 명사의 성·수를 확인하는 습관을 들여야 한다.

las niñas bonitas 예쁜 소녀들

Tip

1. 명사가 -o로 끝나면 대부분 남성이다. -a, -d, -ie, -z, -ción, -sión, -tión, -umbre로 끝나는 명사는 주로 여성형이다. 이 어미를 제외한 명사들은 일반적으로 남성이다

2. 영어에서는 관사나 형용사의 복수형태가 존재하지 않지만, 스페인어를 포함한 모든 로망스어에는 관사와 형용사의 복수형태가 존재한다.

el novio atento / los novios atentos

자상한 연인(신랑) / 자상한 연인들(신랑들)

la novia atenta / las novias atentas

자상한 연인(신부) / 자상한 연인들(신부들)

스페인어는 일반적으로 명사 뒤에 형용사를 위치시켜 객관적인 상태나 특징을 표현한다.

una película emocionante 감동적인 영화

una clase interesante 흥미로운 수업

un muchacho atractivo 매력적인 남자아이

형용사가 명사 앞에 위치하는 경우에는 그 명사의 고유한 속성을 설명 혹은 강조하거나 말하는 사람의 주관적인 생각 혹은 느낌을 나타낸다.

la blanca nieve 흰 눈

el sofocante calor 찜통더위

las altas cumbres 산의 높은 정상

위치에 따라 의미가 달라지는 형용사에는 pobre, grande, nuevo, viejo 등이 있다.

una novia pobre 가난한 신부 / 애인

una pobre novia 가련한 신부 / 애인

una mujer grande 몸집이 큰 여인 / 나이가 많은 여인

una gran mujer 위대한 여인

una casa nueva 새로 지은 집

una nueva casa 새로 이사한 집

un viejo compañero 오랜 동료

un compañero viejo 나이 많은 동료

유용한 표현

■ **Querer + 동사원형:** ~을 하고 싶다

예) Quiero viajar por Europa.

나는 유럽여행을 하고 싶다.

■ **Tener que + 동사원형:** ~을 해야 한다 (비교: **hay que + 동사원형**)

예) Tengo que hacer las tareas.

나는 숙제를 해야 한다.

■ **Hacer amistades:** 친구를 만들다, 친구를 사귀다

예) En Colombia queremos hacer muchas amistades.

우리는 콜롬비아에서 많은 친구를 사귀고 싶습니다.

연습문제

1. 다음을 스페인어로 표현하시오

▶ 관사는 정관사나 부정관사나 다 사용 가능하다.

1. 짧은 치마들

2. 까칠한 소년

〈까칠한 arisco〉

3. 높은 건물

4. 꽉 막힌 사장님

〈꽉 막힌 cerrado〉

5. 똑똑한 소녀들

6. 긴 여행

7. 예리한 선생님과 약은 학생

〈예리한 adj. perspicaz / 약은 listo〉

8. 못생긴 인형

9. 빨간 머플러

10. 무식한 사람들

11. 큰 비행기

12. 비싼 전자사전

13. 유용한 프로그램들

14. 회색 고양이

15. 전도유망한 직장
〈전도유망한 próspero〉

16. 긍정적인 생각

17. 저렴한 블라우스

18. 우울한 날들

19. 부정적인 결과

20. 하얀 벽과 푸른 문

명사와 관사

스페인어의 모든 명사는 거의 항상 관사(정관사·부정관사)를 취한다. 관사가 생략되는 경우도 있으나, 명사가 문장 맨 앞에 오는 경우에는 고유명사나 동사원형 등의 특별한 경우를 제외하고 일반적으로 관사를 취한다.

La manzana está sabrosa. (O) 사과가 맛있다.

비교) Manzana está sabrosa. (X)

El avión sale para Barcelona. (O) 비행기는 바르셀로나를 향해서 출발한다.

비교) Avión sale para Barcelona. (X)

Una mujer está enamorada de mí. (O) 한 여자가 나에게 사랑에 빠져있다.

비교) Mujer está enamorada de mí. (X)

Tip

- 정관사: 일반적으로 화자와 청자가 모두 알고 있는 구체적 대상을 언급하거나 명사가 나타내는 대상의 전체 집합을 언급할 때 사용된다.
- 부정관사: 화자가 특정하지 않은 대상을 표시할 때, 혹은 화자는 알고 있으나 지칭하기를 원하지 않는 경우 일부러 부정관사를 붙여서 말하기도 한다. 우리말의 '어떤' 또는 '하나의'라는 의미이다.
- 무관사: 명사가 어떤 종류의 관사도 취하지 않을 때는 위의 언급된 의미(구체적 대상, 전체 집합, '어떤')를 갖지 않는다. 일반적으로 가산 명사는 복수 형태를 취하고 불가산 명사의 경우 단수 형태를 취할 수 있다.

1) Quiero tomar la cerveza. (너와 내가 알고 있는) 그 맥주를 마시고 싶다.

2) Quiero tomar una cerveza. 맥주 한 잔 마시고 싶다.

3) Quiero tomar cerveza. (다른 술이 아닌) 맥주를 마시고 싶다.

1)의 경우, 화자와 청자 간의 암묵적으로 알고 있는 맥주를 뜻한다. 이를 테면 '냉장고에 있는 맥주', 혹은 '방금 본 맥주', 또는 '어제 마시다 남긴 맥주', 혹은 '마트에 가서 새로 사온 맥주'라는 한정된 의미가 함축되어 있다. 이때 청자는 화자가 정관사를 붙여서 구체적으로 표현한 맥주의 실체를 정확히 인지한다. 이 같은 이유에서 특정적인 것을 지칭할 때 정관사를 사용한다고 하는 것이다.

2)의 경우, 화자는 특정한 맥주를 지칭하는 것이 아니고 어떤 맥주라도 상관없다는 의미이다. 이때 부정 관사는 단순히 수량을 뜻하는 것일 수도 있다. 이 밖에도 형용사를 사용하여 원하는 맥주의 종류나 상태를 구체적으로 설명할 경우에는 반드시 부정관사를 사용해야 한다.

Quiero una cerveza bien fría. (O)
아주 차가운 맥주를 원한다.

비교) Quiero cerveza bien fría. (X)

Quiero una cerveza española. (O)
스페인 맥주를 원한다.

비교) Quiero cerveza española. (X)

3)의 경우, cerveza 앞에 아무 관사도 사용 되지 않았는데 이러한 무관사의 경우에는 존재하는 여러 옵션 중에서 다른 대상(음료)이 아닌 맥주를 마시겠다는 선택적 의지를 표명할 때 사용한다. 무관사의 사용을 관찰할 수 있는 예문을 살펴보자.

(상황 1)

[바에서 웨이터가 주문 받을 때]

Camarero: ¿Qué les pongo?

A: A mí, una cerveza.

Camarero: ¿Y a usted?

B: Un vino, por favor.

Camarero: ¿Le pongo también un vino?

C: No, para mí, cerveza, por favor.

(상황 2)

[생일 선물을 무엇을 살지 고민할 때]

Jaime: La próxima semana es el cumpleaños de María, pero no sé qué regalarle.

A: ¿Qué tal si le compras un par de zapatos?

B: ¡Qué aburrida eres! Jaime, ¿por qué no le regalas un ramo de rosas? Creo que eso es más romántico.

(*Una semana después*).

A y B: Jaime, ¿qué le has regalado a María al final?

Jaime: Pues le regalé rosas.

유용한 표현

■ **Ir a + 동사원형:** ~할 것이다 / ~할 계획이다 / ~할 생각이다

예) Va a comprar una diadema para una amiga.

그(녀)는 친구에게 줄 머리띠를 하나 살 것이다.

■ **No ser monedita de oro:** 비호감형이다

예) No soy monedita de oro. Digo lo que pienso.

나는 모든 사람에게 호감을 줄 수 없어. 난 (거리낌 없이) 내 생각을 말해.

■ **Ser un pedazo de pan:** 심성이 고운 사람이다

예) César es un pedazo de pan, siempre procura ayudar a los amigos.

César는 심성이 고와서 늘 친구들을 도와주려고 한다.

연습문제

▶ 다른 색상으로 표시된 부분은 스페인어로 옮기지 않는다.

▶ 다른 색상으로 표시된 부분을 참고하여 관사(정관사, 부정관사, 무관사)를 고려한다.

1. María는 (어느) 바에서 아침부터 차가운 맥주를 한 잔 마신다. 아직도 술에 취해 있다.
   〈술에 취하다 estar borracho, estar embriagado〉

2. 이웃집 아주머니께서 너에게 선물할 스웨터를 준비할 것이다.

3. Mario가 거실에서 너를 기다린다. 그는 비호감형이다.

4. 냉장고에 있는 사과는 맛있다.

〈맛있다 rico, sabroso, delicioso〉

5. Pedro의 여자 친구는 아주 예쁘다.

〈예쁘다 bonito, guapo, hermano, bello, precioso, lindo (lindo는 중남미에서 주로 사용한다)〉

6. 우리 아이들은 밤늦게 집에 돌아온다.

7. Dámaris는 놀이공원에 친구와 간다. (여러 친구 중의 한 명)

8. Javier는 Pilar에게 어느 작은 가게에서 산 속옷을 선물한다.

9. 학생들은 학교에서 매 학기 새로운 친구들을 사귄다.

10. 우리는 스페인의 햇빛이 더 강하다고 느낀다.

11. 내 삼촌은 내일 학장님을 방문할 것입니다.

〈방문하다 visitar 장소 / visitar a 사람〉

12. Marta는 일주일에 두 번씩 누군가에게 편지를 쓴다.

13. Ana는 여자랑 일하지 않고 남자랑 일해.

14. 그녀는 전망이 좋은 공원 근처에 살고 싶어 한다. 그러나 월세가 너무 비싸다.

〈월세 el alquiler〉

15. 어머니께서는 예상치 못한 선물을 받게 되실 것이다.

16. 나는 할머니 댁을 방문하기 전에 할머니께서 좋아하시는 과일을 사려고 합니다. (= 과일을 살 생각입니다)

17. 네가 찾는 미용실은 한 대규모 쇼핑몰 안에 있다.

18. 앞집에 사는 작가는 거의 매일 큰소리로 소설을 읽는다.

19. 계단에 놓인 바구니에는 계란이 12개 들어있다.

<계란 12개 / 알 una docena de huevos>

20. 책상 밑에 있는 상자를 사용해도 되나요?

직설법 현재: 불규칙동사

제3과

직설법 현재: 불규칙 동사

동사를 활용할 때 규칙 뿐 아니라 불규칙 동사도 인칭과 수에서 규칙동사의 활용 어미(-ar, -er, -ir) 모양을 그대로 유지한다. 단 불규칙 동사의 경우 변화를 시켰을 때 동사의 어근이나 어간 모음이 바뀐다.

poder (할 수 있다)	pedir (요구하다)	caber (채워지다)
puedo	pido	quepo
puedes	pides	cabes
puede	pide	cabe
podemos	pedimos	cabemos
podéis	pedís	cabéis
pueden	piden	caben

불규칙 동사는 크게 세 가지 유형으로 나뉘어진다. 어간 모음이 변하는 유형과 1인칭 단수가 불규칙형인 유형, 그리고 앞의 두 가지 유형에 속하지 않는 동사가 있다.

1. 어간 모음이 변화하는 동사는 4개의 형태가 있고 이들 동사에서 나타나는 어간 모음의 변화는 늘 1·2인칭 복수를 제외한 모든 인칭에서 나타난다.

① **-e > -ie** 로 변화하는 경우

comenzar (시작하다): comienzo, comienzas, comienza. comenzamos, comenzáis, comienzan
empezar (시작하다): empiezo, empiezas, empieza, empezamos, empezáis, empiezan
entender (이해하다): entiendo, entiendes, entiende, entendemos, entendéis, entienden
negar (부인하다): niego, niegas, niega, negamos, negáis, niegan
perder (잃다): pierdo, pierdes, pierde, perdemos, perdéis, pierden
preferir (선호하다): prefiero, prefieres, prefiere, preferimos, preferís, prefieren
sentir (느끼다): siento, sientes, siente, sentimos, sentís, sienten
sugerir (제안하다): sugiero, sugieres, sugiere, sugerimos, sugerís, sugieren

② **-e > -i** 로 변하는 경우

despedir (해고하다): despido, despides, despide, despedimos, despedís, despiden
repetir (반복하다): repito, repites, repite, repetimos, repetís, repiten
vestir (옷을 입히다): visto, vistes, viste, vestimos, vestís, visten

③ **-o > -ue** 로 변화하는 경우

colgar (걸다): cuelgo, cuelgas, cuelga, colgamos, colgáis, cuelgan
dormir (잠을 자다): duermo, duermes, duerme, dormimos, dormís, duermen

encontrar (발견하다): encuentro, encuentras, encuentra, encontramos, encontráis, encuentran
morir (죽다): muero, mueres, muere, morimos, morís, mueren
volver (돌아가다): vuelvo, vuelves, vuelve, volvemos, volvéis, vuelven

④ **-u > -ue** 로 변화하는 경우

jugar (경기하다, 놀다): juego, juegas, juega, jugamos, jugáis, juegan

2. 1인칭 단수만 불규칙 형태를 취하는 경우

agradecer (감사하다): agradezco, agradeces, agradece, agradecemos, agradecéis, agradecen

caber (들어가다/채워지다): quepo, cabes, cabe, cabemos, cabéis, caben

caer (떨어지다): caigo, caes, cae, caemos, caéis, caen

conocer (알다): conozco, conoces, conoce, conocemos, conocéis, conocen

hacer (하다): hago, haces, hace, hacemos, hacéis, hacen

poner (놓다): pongo, pones, pone, ponemos, ponéis, ponen

saber (알다): sé, sabes, sabe, sabemos, sabéis, saben

valer (값이 나가다): valgo, vales, vale, valemos, valéis, valen

ver (보다): veo, ves, ve, vemos, veis, ven

salir (나가다): salgo, sales, sale, salimos, salís, salen

Tip

1번과 2번 유형의 불규칙동사는 1·2인칭 복수에서 100% 규칙적으로 변한다.

3. 앞의 두 가지 유형에 속하지 않는 불규칙 동사.

haber (있다): he, has, ha, hemos, habéis, han

ir (가다): voy, vas, va, vamos, vais, van

유용한 표현

■ Poder + 동사원형: ~할 수 있다

예) Puedo estar solo en casa.

나는 집에 혼자 있을 수 있다.

Podemos usar este móvil durante el viaje.

우리는 이번 여행 중에는 이 휴대폰을 사용할 수 있다.

■ Dormir como un tronco: 푹 자다, 단잠을 자다

예) Pablo duerme como un tronco.

파블로는 곯아떨어졌다

연습문제

1. 다음을 스페인어로 표현하시오

▶ 반복되는 부분에는 밑줄을 그었다. 가능한 경우 대명사를 이용하여 밑줄 친 부분을 생략하여 반복을 피한다.

▶ 모든 연습문제에서 관사의 사용을 신중하게 결정한다.

1. 나는 지금 너에게 현금으로 500 유로를 줄 수 있다.
   〈현금으로 en efectivo〉

2. Graciela, 나는 당신을 사랑합니다! 왜 당신은 저의 말을 듣지 않나요? <u>저의 말</u>을 믿지 않으시나요?

3. Don Quijote는 하루 종일 Dulcinea를 생각한다. 그리고 그녀 때문에 잠을 이루지 못한다.

★ Dulcinea del Toboso: 세르반테스의 작품 『돈키호테』(1605)에서 주인공 돈키호테가 아름다운 공작부인이라고 여기며 정신적으로 사랑한 여인

4. 스페인어 과정은 3월에 시작한다. 과정 중에 학생들은 스페인어로 매일 일기를 써야 한다.

5. 우리는 그 유명한 스페인 레스토랑을 찾을 수가 없다. 너는 그 레스토랑이 어디에 있는지 아니?

6. 너희들 일찍 들어와야 해. 오늘 아빠 생신이야. 우리가 깜짝 파티를 준비해 드리자. 생일 선물도 하나 준비해야 하는데, 누가 할래?
〈깜짝파티 la fiesta de sorpresa, fiesta sorpresa〉

7. A: 너는 이 Tablet PC와 저 데스크톱 PC 중 어느 것을 살 거니?
   B: 나는 이 Tablet PC가 더 나을 것 같아(=선호하다).

8. A: 초급 스페인어 작문이 몇 시에 시작하지?
   B: 오후 1시에 시작해.
   A: 그럼 아직 시간이 있네? 빨리 점심을 먹어야지.
   B: 그래 빨리 먹으러 가자.

〈작문수업 la clase de redacción, clase de composición〉

9. 왕자는 결국 재투성이 아가씨(신데렐라)를 찾아내고 만다. 그는 그녀에게 유리 구두를 신기고 그녀에게 사랑한다고 고백한다.

〈재투성이 아가씨 la Cenicienta / 유리구두 los zapatos de cristal〉

10. 국제화 시대에 외국어는 대단히 중요하다. 그래서 외대 교수들은 국익을 위해서, 또 우리 자신의 발전을 위해서 최소한 세 개의 외국어를 마스터할 것을 권한다. 우리에게 불가능이란 없다.

〈국제화 시대 la era de la globalización, la era globalizada / 최소한 al menos, como mínimo〉

11. 그 부부는 추운 겨울에 집에서 아이들이 푹 자는 동안 밖으로 나와 눈을 맞으며 걷는다.

〈눈을 맞으며 bajo la nieve〉

12. 그는 비록 가진 돈은 없지만, 가슴이 따뜻한 사람입니다. 우리 사회는 그처럼 순수함과 열정을 가진 사람을 필요로 합니다.

〈따뜻한 cálido, entrañable〉

13. 한국은 수준 높은 인적 자원을 가진 반면 중남미 국가들은 천연자원이 풍부하다.

〈인적 자원 los recursos humanos〉

14. 당국은 '술'이라는 단어가 들어간 모든 노래를 금지한다. '술'이라는 단어가 청소년들에게 유해하기 때문이다.

〈유해하다 nocivo, perjudicial〉

15. 학생들은 제3세계에 천만 원의 성금을 전한다. 그 <u>성금</u>은 홍수 피해 지역의 복구에 사용된다.

〈홍수 피해 지역 la zona afectada por la inundación, la zona inundada / 성금 la donación〉

소유형용사 전치형

mi 나의 tu 너의 su 그의, 그녀의, 당신의 nuestro/-a 우리들의 vuestro/-a 너희들의 su 그들의, 그녀들의, 당신들의	+ 명사 단수	
mis 나의 tus 너의 sus 그의, 그녀의, 당신의 nuestros/-as 우리들의 vuestros/-as 너희들의 sus 그들의, 그녀들의, 당신들의	+ 명사 복수	

모든 소유 형용사는 명사의 수에 일치하며, 1인칭 복수와 2인칭 복수 소유 형용사는 성에도 일치시킨다.

HABLAR와 DECIR

Hablar는 언어(coreano, español, inglés, chino, japonés 등)가 직접 목적어로 오는 경우를 제외하고는 '이야기하다'라는 의미의 자동사로 사용된다. 반면에 decir는 직접목적어를 반드시 동반해야 하는 타동사이다.

다음 상황을 파악하고 우리말 부분을 스페인어로 옮기시오.

(상황 1)

[언어 말하기/특정주제에 관해 말하기]

Profesor: Minyeong, cada vez hablas mejor español. ¿Hablas más idiomas extranjeros?

Minyeong: Sí, profesor. Además de español, hablo también inglés y francés.

Profesor: Pero, dime una cosa, ¿por qué quieres aprender idiomas? ¿Tienes algún motivo especial?

Minyeong: Sí, porque quiero trabajar en la ONU, después de acabar la carrera. Para eso me estoy preparando. Habitualmente procuro hablar en otras lenguas para tener más fluidez. En las clases de español hablo siempre en español.

Profesor: ¡Eso está muy bien! Hay que estudiar para hacer realidad un sueño. Me gusta ver a los estudiantes de HUFS ambiciosos. El mundo es grande y hay mucho que hacer.

Minyeong: Mis padres me dicen que, además de idiomas, también tengo que hacer alguna carrera de Ciencias Diplomáticas o Ciencias Políticas.

Profesor: 물론이지! 그게 너의 미래 직업을 위해 많은 도움이 될 거야.

____

____

Minyeong: 그런데, 교수님, 제 말이 문법적으로 정확한가요?

____

____

Profesor: 그래, 정확하단다. 그런데, 남자 친구와는 잘되어 가니?

____

____

Minyeong: 음! 솔직히 잘 안 되고 있어요.

(상황 2)

[말하는 행위 자체]

Madre: ¡Hija, no hables tanto!

Hija: ¡Pero, mamá, déjame en paz! 왜 말도 못하게 하세요?

〈déjame en paz는 '귀찮게 하지 말라(나를 좀 가만히 내버려 두라)'는 뜻이지만 우리말로 해석할 때는 문맥에 따라 표현을 달리한다〉

Madre: 말해, 하지만 목소리도 낮추고 말도 너무 많이 하지 마라.

SABER와 CONOCER

스페인어에서는 우리말의 '알다'의 뜻으로 사용되는 동사로 saber와 conocer가 있다. 이 두 동사의 용법을 정확히 숙지할 필요가 있다.

1) Conocer동사는 어떤 사람을 알거나, 특정 사람이 어떤 성품인지를 알거나, 사물, 장소 등을 식별하거나 가 본적이 있다는 의미로 사용한다. 경험을 통해 알고 있다는 뜻으로 사용된다.

Mi nuera conoce bien a tu amigo Enrique.
내 며느리가 네 친구 Enrique를 잘 안다.

Mi primo conoce bien México.
내 사촌은 멕시코를 참 잘 안다.

Conozco bien la obra de Cervantes.
나는 세르반테스 작품을 잘 안다. (경험을 통해)

2) Saber 동사는 어떠한 사실이나 정보를 알고 있는 경우와 어떤 분야를 학문적으로 깊이 있게 아는 경우, 또는 (~하는)방법을 알고 있는 경우에 사용한다. 후자의 경우에는 일반적으로 동사원형과 함께 쓰인다.

Él sabe mucho de pintura oriental. (학문적으로 배워서 아는 지식)
그는 동양 회화에 대해 많이 알고 있다.

Sé que Carmen se va mañana. (사실)
나는 Carmen이 내일 떠난다는 것을 안다.

Él sabe bailar el tango. (방법)
그는 탱고를 출 줄 안다.

유용한 표현

■ **Ir de copas:** 한 잔 하러 나가다 **(= ir de juerga, salir de tapeo, salir de noche, salir de marcha)**

예) Los fines de semana voy de copas con mis compañeros de clase.
매주 주말마다 나는 같은 반 친구들이랑 한 잔 하러 나간다.

예) Mi novia y yo salimos de tapeo esta noche, ¿te vienes?
여자 친구랑 나는 오늘 밤에 한 잔 하러 가는데 너도 갈래?

연습문제

1. 다음을 스페인어로 표현하시오

▶ 반복되는 단어나 내용에는 밑줄을 그었다. 가능한 경우 대명사를 이용하여 반복을 피한다.

1. 내 동료 Julio는 Gaudí의 건축 양식에 대해서 잘 안다. 올 9월에 스페인에 가서 건축학을 전공할 예정이다.

〈건축 양식 el estilo arquitectónico〉

★ Antonio Gaudí (1852-1926): 벽과 천장의 곡선미를 살리고 섬세한 장식과 색채를 사용했던 스페인 건축가. 대표작으로는 바르셀로나에 있는 사그라다 파밀리아(La Sagrada Familia) 성당이 있다

2. A: 너는 Antonio Machado가 누군지 아니?
   B: 응, 스페인 현대 시인이지?
   ★ Antonio Machado (1875-1939): 스페인의 시인으로 '98세대' 작가 중의 한 사람이다

3. A: 너 새로 오신 음악 선생님이 어떤 분인지 좀 아니?
   B: 그 분이 유명한 가수이신 건 아는데 성격은 나도 잘 모르겠어.

4. 저희들은 서울을 잘 압니다. 한국 친구들도 많습니다. 게다가 한국음식도 아주 잘 먹습니다. 한국 사람보다 서울 지리를 더 잘 압니다.

5. 네가 저녁 먹고 TV를 더 보고 싶어 하지만, 억지로 숙제를 하고 있다는 것을 나는 알아.
〈억지로 a la fuerza〉

6. A: 오늘 저녁에 한잔하러 갈까요?
B: 미안해요, 저녁에 약속이 있어요.
〈약속이 있다 tener una cita, tener un compromiso〉

7. Carmen은 말을 너무 많이 합니다. 그녀는 언제나 수업시간에 다른 친구들과 이야기 합니다. 뿐만 아니라, 항상 말을 크게 합니다.
〈말을 크게 하다 hablar en voz alta〉

8. 그는 진실을 말할 줄 모릅니다. 아무도 그에게 그것을 가르쳐 주지 않습니다. 그는 늘 거짓말을 합니다. 그래서 사람들은 그를 싫어합니다. 하지만 그는 거짓말에 이미 너무 익숙해져 있습니다.

〈익숙하다 estar acostumbrado〉

9. A: Galicia의 수도가 어디인지 아니?

B: 그럼, 물론이지. 갈리시아의 수도는 Santiago de Compostela야. 성지순례로 유명한 곳이지.

〈성지순례 la peregrinación〉

10. 나는 그 나라를 잘 알아. 그 나라에 대한 책자를 많이 읽고 있어. 정말 웅장한 대성당이 많이 있단다.

〈웅장한 grande, enorme〉

11. A: 엄마, 이 음식에서 해물 맛이 나요.

B: 해물이 들어있어서 그래!

〈맛이 나다 saber a ~〉

12. 우리 아이는 학원에서 피아노를 배워요. 피아노를 아주 잘 칠 줄 알아요. 하지만 영어는 잘 못해요. 억지로 공부하니까 재미를 못 느끼고 수업이 지루하다고만 해요.

〈학원 la academia / 지루해하다 sentirse aburrido〉

13. 저 꼬마는 기타를 칠 줄 알아요. 매일 7시간씩 기타를 친다고 합니다. 저 아이는 5살밖에 안 되었는데 기타 신동입니다.

〈신동 el niño prodigio〉

14. 저 부인은 서양화에 대해서 조예가 깊습니다. 부친께서도 아주 유명한 화가이시지요.

15. 우리 사위는 동양 철학에 대해서 잘 압니다. 대학에서 유교사상에 대한 논문을 쓰고 있습니다.

〈유교사상 la ideología confucianista / 논문 la tesis〉

2. 다음 상황을 파악하고 우리말 부분을 스페인어로 옮기시오.

[알아요?]

Esteban: ¿Conoces a María?

Miriam: No, no la conozco. ¿Quién es?

Esteban: Es la nueva directora del Departamento de Tecnología Informática.

Miriam: ¿Y tú la conoces?

Esteban: Sí, claro. Además, la conozco muy bien. Es mi tía y es experta en Informática.

Miriam: ¿Cómo es ella? ¿Es agradable o es arisca?

Esteban: Lo que sé es que es una persona muy competente. Ahora te está esperando en su despacho.

(*En el despacho de la directora*).

Miriam: Hola, buenos días.

María: Buenos días. Pasa, pasa. Eres Miriam, supongo.

Miriam: Sí.

María: Esteban dice que sabes manejar muy bien programas informáticos, ¿es verdad? Esteban이 그러는데 한국어도 잘한다는데, 맞나요?

Miriam: Saber muy bien, muy bien, no; pero los domino bastante. ¿Por qué? ¿Necesita algo de mí?

María: 예, 5월에 서울에서 개최되는 학회에 Miriam과 함께 갔으면 해요. 서울에 대해 잘 아나요?

Miriam: 예. 대한민국의 수도지요. 제가 잘못 알고 있지 않다면 대한민국은 IT 강국입니다.

〈IT 강국 una potencia mundial en TIC (Tecnología de Información y Comunicación〉

María: 한국 역사에 대해 아는 바가 있나요?

Miriam: 잘 압니다. 역사 뿐 아니라 한국 사회, 한국 음식에 대해서도 잘 압니다.
그 곳에서 15년이나 살았거든요.

María: 완벽하군요! 한국에서 성과가 좋겠군요.
〈성과 tener éxito〉

Tomar apuntes

목적대명사

제4과

목적대명사

직접목적어 및 간접목적어로 쓰인 요소를 대신해서 사용한다.

직접목적대명사	간접목적대명사
me	me
te	te
lo (남 단수, 사람, 사물, 사실) la (여 단수, 사람, 사물)	le
nos	nos
os	os
los (남 복수, 사람, 사물) las (여 복수, 사람, 사물)	les

잠깐!

Leísmo란 간접목적대명사 le (les)를 직접목적대명사 lo / la (los / las) 대신 사용하는 현상을 말한다. 스페인 왕립 학술원(la Real Academia Española)은 직접목적어가 남자이고 연장자인 경우, lo / los 대신 le / les의 사용을 허용하였다. 이를 leísmo deferente 혹은 leísmo de cortesía라고 한다.

* deferente / cortesía: 공손함, 예의바름

모든 목적대명사는 늘 인칭 변화한 동사 앞에 위치시킨다.

Yo te quiero, pero tú no me quieres.
나는 너를 사랑하지만, 너는 나를 사랑하지 않는다.

Siempre lo veo en la facultad.
나는 항상 그 남자를 학교에서 본다.

Le escribo una carta todos los días.
당신(그 / 그녀)에게 날마다 편지를 씁니다.

Nos envía un correo electrónico todos los lunes.
매주 월요일마다 우리에게 이메일을 보낸다.

그러나 같은 문장 안에 변화한 동사와 동사원형이 함께 올 때는 목적대명사를 변화한 동사 앞, 혹은 동사원형이나 현재분사 뒤에 붙여 쓸 수 있다.

Te voy a cantar una canción. (= Voy a cantarte una canción.)
너에게 노래 한 곡을 불러 주겠다.

A: ¿Piensas escribir una novela?
소설을 쓸 생각이니?

B: La estoy escribiendo ahora. (= Estoy escribiéndola).
지금 소설을 쓰고 있는 중이야.

같은 문장 안에 직접목적대명사와 간접목적대명사가 나란히 함께 사용될 경우에는 "~에게 ~을 ~한다"의 한국어의 어순과 마찬가지로 간접목적대명사를 앞에, 직접목적대명사를 뒤에 쓴다. 두 목적대명사를 병행하여 쓸 경우에도 역시 마찬가지다. 두 가지 모두 변화한 동사 앞에 쓰거나, 동사원형 혹은 현재분사가 있을 경우, 두 가지 대명사를 붙여서 그 뒤에 쓸 수 있다.

Te lo enseño.
내가 너에게 그것을 가르쳐 줄게.

Os la explicamos.
너희들에게 그것을 우리가 설명해줄게.

Me lo vas a decir = Vas a decírmelo.
너는 내게 그것을 말할 거야.

Te lo estoy diciendo = Estoy diciéndotelo.
너에게 내가 그것을 말하고 있다.

동사원형 혹은 현재분사 뒤에 목적대명사를 붙여서 쓸 때는 음절의 수가 늘어나므로 동사원형이나 현재분사의 강세의 원래 위치에 변화가 생길 수 있다. 이런 경우 강세의 위치가 바뀌지 않도록 원래 강세가 있는 자리에 악센트 부호를 찍어야 한다.

A: ¿Me mandas este libro por correo, por favor?
너 나에게 이 책을 좀 우편으로 부쳐 주겠니?

B: ¡Sí, claro! Voy a mandártelo ahora mismo.
물론이지! 지금 당장 너에게 그책을 부쳐줄게.

간접목적대명사와 직접목적대명사가 모두 3인칭인 경우 단·복수에 상관없이 설측음 /l/ 발음이 중복되므로 앞에 위치시킨 간접목적어 le 또는 les를 se로 바꾸어 쓴다.

① Explico la canción a Tamara.
나는 Tamara에게 노래를 설명한다.

↓

② Le la explico una vez más. (X)

↓

③ Se la explico una vez más.

① Voy a prestar el CD a mis amigos.
나는 내 친구들에게 CD를 빌려줄 것이다.

↓

② Les lo voy a prestar. (X)

↓

③ Se lo voy a prestar.
(= Voy a prestárselo).

Tip

두 개의 목적대명사는 분리해서 쓰이지 않는다. 늘 함께 움직인다.

Te voy a dejar un libro hoy. (O)
내가 너에게 오늘 책 한권을 빌려줄게.
Te lo voy a dejar hoy. (O)
Voy a dejártelo hoy. (O)
Te voy a dejarlo hoy. (X)

유용한 표현

- **Hablar (hasta) por los codos (= hablar mucho):** 말이 지나치게 많다
  예) María habla por los codos. Cuando empieza a hablar, ¡no hay quien la pare!
  마리아는 너무 말이 많다. 한 번 말을 하기 시작하면 아무도 말리지 못 한다 (끝장을 본다)
- **Hacerle la pelota / barba a alguien:** 아부하다 (pelota는 스페인, barba는 멕시코에서 사용된다)
  예) Todo el mundo le hace la barba al jefe.
  모든 이들이 상사에게 아부를 한다.
- **Tomarle el pelo a alguien:** ~를 놀리다.
  예) Mi hermano siempre me toma el pelo.
  우리 오빠는 항상 나를 놀린다.

연습문제

1. 다음을 스페인어로 표현하시오
   - ▶ 반복되는 단어나 내용에는 밑줄을 그었다. 대명사나 다른 어휘를 이용하여 이 같은 반복을 피한다.
   - ▶ 다른 색상으로 처리된 목적어를 적절한 목적 대명사로 대체하여 반복을 피한다.

1. 나는 Aurelio에게 우리 누나를 소개시켜주고 싶지만 누나는 지나치게 말이 많다. 그래서 나는 그에게 누나를 소개시켜주지 않을 작정이다.

〈소개시키다 presentar a〉

2. Jorge는 매주 화요일마다 서점에 간다. 서점에서 그는 늘 그 주에 읽을 소설을 한 권 산다. 그리고 그 소설을 토요일 전까지 꼭 다 끝낸다.

3. A: 어디 가니?

B: Inés에게 줄 선물을 사러 가는 중이야.

A: 무엇을 사 줄 거니?

B: 생일 선물로 운동화를 사 주려고 해.

A: 운동화를 언제 줄거니?

B: Inés 생일날 그녀에게 그것을 주려고 생각 중이야.

〈운동화 las zapatillas〉

4. 나는 담배를 끊고 싶다. 담배가 술에 비해 건강에 더 나쁘다고 하는데 나는 담배 없이 살 수 없을 것 같다. 그렇다면 난 어떻게 해야 한단 말인가?

〈~에 비해 en comparación con/a〉

5. Delia는 남편에게 줄 선물을 사기 위해 그녀의 머리카락을 판다. 그리고 그 돈으로 남편에게 줄 시계줄을 산다. 한편 그녀의 남편 Jim은 아내에게 줄 크리스마스 선물을 사기 위해 자신의 은시계를 판다. 그리고 그녀를 위해 예쁜 머리핀을 산다.

★ O'Henri의 작품 『크리스마스 선물』(1906)에 나오는 슬프지만 아름다운 이야기.
〈머리카락 la cabellera (탐스럽고 긴 머리) / 머리핀 la peineta / 시계줄 la cadena de reloj, 한편 mientras (비교: mientras que ~한 반면)〉

6. 네 책을 빌려준다고? 고마워! 내일 (책을) 돌려줄게. 그런데 나한테 그 책을 빌려주면 너는 어떻게 그 책 없이 과제를 끝낼 수 있니?

7. A: 나는 집에 인형이 많아(=가지고 있어). 내 친구인 Leticia에게 인형 하나를 선물할 생각이야.

B: 정말 Leticia에게 인형을 줄 거야?

A: 응. 나는 더 이상 어린아이가 아니야.

〈더 이상 ~가 아니다 no ser más ~〉

8. Cristóbal Colón은 1492년에 신대륙을 발견했다. 신대륙을 발견할 때 그의 선원들은 몹시 지쳐있었다. (역사적 과거-직설법 현재 사용).

〈신대륙 el Nuevo Mundo, el Nuevo Continente / 선원 el marinero〉

9. 우리는 자연을 사랑하고 아껴야 한다. 우리가 자연을 존중하지 않고 생태계를 파괴한다면, 자연은 우리에게 무서운 존재가 될 것이다.
〈아끼다 apreciar / 존중하다 respetar / 생태계 el ecosistema / 무서운 monstruoso, temible〉

10. 우리는 과거에 비해 휴대폰을 더 많이 사용한다. 생활 속에서 휴대폰은 매우 유용하다. 우리는 전화나 문자 이외에도 TV 시청, 영화나 노래 다운 받기, 인터넷 게임에도 휴대폰을 사용한다. 그 밖에 휴대폰을 사용해서 사진을 찍거나 영상 촬영을 하기도 한다.
〈사용하다 usar, utilizar / 촬영하다 grabar, rodar〉

11. 가을에는 무수히 많은 낙엽이 떨어진다. 그래서 나는 가을만 되면 길가에 떨어진 낙엽들 사이에서 낙엽을 주워서 그것들을 책갈피에 넣는다. 책갈피 속 나뭇잎은 우리에게 아련한 추억을 가져다준다.

〈낙엽 las hojas secas, las hojas caídas / 책갈피 entre las hojas de un libro / 아련한 추억 los recuerdos entrañables, los bonitos / buenos recuerdos〉

12. 몇 몇 대학생들은 수업 후에 곧장 커피숍으로 향한다. 커피숍에서 학생들은 커피를 마시거나 친구들과 이야기를 한다. 게다가 그 곳에서는 무료로 와이파이를 제공하는데 이는 큰 장점이다. 그래서 학생들이 커피숍을 개인 서재로 생각하는 것 같다.

〈곧장 directamente / 향하다 dirigirse / 게다가 además / 무료로 gratis, gratuitamente / 장점 la ventaja〉

13. 벽에 걸린 그림은 Miriam의 것이다. 그녀는 그 그림을 내게 선물하고 싶어 한다. 하지만 나는 그 그림을 받을 수 없다. 나는 그녀에게 줄 수 있는 게 아무 것도 없기 때문이다.

14. A: 영화 한 편 보는 거 어때? 내가 극장 입구에서 널 기다릴게. 그리고 맥주 한 잔 하자.
B: 너 지금 나를 놀리는 거야? 너는 모든 여자한테 그렇게 말하잖아? 미안하지만 난 너와 영화를 보고 싶지도, 맥주를 마시고 싶지도 않아.

〈입구에서 a la entrada de〉

15. 학생들은 일반적으로 시험시간에 연필을 사용합니다. 선생님들께서도 연필을 사용하는 것을 선호하십니다. 실수를 하면 언제든지 깨끗하게 지울 수 있기 때문입니다.

〈일반적으로 habitualmente, generalmente, normalmente〉

2. 스페인어 부분을 읽고 우리말을 스페인어로 옮겨 문맥을 연결하시오.

(상황 1)

[나는 마리아를 사랑해요]

Madre: Carlos, ¿al final con quién piensas casarte? Con Elena, ¿verdad?

Carlos: Mamá, por favor, yo no quiero casarme ahora. Además, yo ¡a Elena no la quiero, tú lo sabes!

Madre: Pero, ¿por qué no te gusta Elena, si es guapa e inteligente?

Carlos: También porque tiene mucho dinero; por eso te gusta ella, ¿no, mamá? Yo quiero a María y solo la quiero a ella, y tú lo sabes bien. Así que no insistas, mamá. ¡Ya estoy cansado!

Madre: 나는 그 아이를 내 며느리로 원하지 않는다. 예쁘지도 않고 똑똑하지도 않잖니. 너는 왜 그 아이를 사랑하는 거니?

Carlos: 어머니, 그것은 설명할 수가 없어요! 그건 설명이 안 되고 마음으로 느끼는 것이에요. 어쨌든 María는 제게 완벽한 여자예요. 성격이 부드럽고 이해심도 많아요. 나는 오직 그녀와 결혼하고 싶어요, 그녀를 사랑하니까요.

(상황 2)

[그녀에게 말해]

Jorge: Enrique, ¿quién tiene mis libros de gramática?

Enrique: Creo que Ana los tiene.

Jorge: Los necesito para esta tarde. ¿Dónde se encuentra ella ahora? ¡Necesito mis libros ahora mismo! ¿Me entiendes?

Enrique: Ana no está en casa ni en la facultad. Tampoco está en la ciudad. Está de viaje. ¿Pero, por qué me estás gritando? ¿Acaso soy Ana? Llámala por teléfono.

Jorge: 전화를 안 받아, 어떻게 할까?

Enrique: 간단한 문제야. 너 오늘 그 책 사용 못 하는 거지 뭐. 아니면 교수님께 그 책을 좀 빌려보든지.

Jorge: 어떻게 교수님께 책을 빌려달라고 하냐? 그럴 순 없어.

Tomar apuntes

재귀대명사와 재귀동사

제5과

재귀대명사

재귀대명사는 "자기 자신"을 나타내는 대명사로 직접목적어 또는 간접목적어로 사용된다.

me	nos
te	os
se	se

Tip

재귀대명사, 직접목적대명사, 간접목적대명사는 1·2인칭 단·복수에서는 그 형태(me, te, nos, os)가 동일하다. 단지 3인칭에서만 차이를 보인다.

재귀동사는 주어의 행위가 주어 자신에게 되돌아오는 동사를 뜻한다. 즉, 행위의 목적어가 주어 자신인 것이다. 동사원형에는 -se를 붙여서 재귀동사임을 나타내며, 동사변화를 시킬 때는 동사 앞에 재귀대명사를 반드시 위치시켜야 한다. 이때 주어의 인칭을 반영한 재귀대명사를 통해 주어의 행위가 주어 자신에게 돌아감을 표시한다.

lavarse 씻다		ponerse 입다 / 신다		vestirse 옷입다	
me lavo	nos lavamos	me pongo	nos ponemos	me visto	nos vestimos
te lavas	os laváis	te pones	os ponéis	te vistes	os vestís
se lava	se lavan	se pone	se ponen	se viste	se visten

1) 타동사의 직접목적어가 되는 재귀대명사

① duchar / ducharse

Mi padre ducha a mi hermano pequeño todos los días.

우리 아버지께서는 내 동생을 매일 샤워를 시키신다.

Mi padre se ducha todos los días.

우리 아빠는 매일 샤워하신다.

② casar / casarse

Los padres islámicos casan a las niñas jóvenes por la dote.

이슬람 부모들은 결혼 지참금을 받기 위해서 어린 소녀들을 결혼시킨다.

Marta y yo nos casamos este domingo en la Catedral de Santiago de Compostela.

마르타와 나는 이번 주 일요일에 산티아고 데 콤포스텔라 대성당에서 결혼합니다.

이 예문 외에도 타동사인 levantar는 '일으키다', despertar는 '깨우다'의 의미이다. 이를 '일어나다', '깨다'의 의미로 만들려면 '자기 자신'을 나타내는 재귀대명사(me, te, se, nos, os, se)를 사용해야 한다.

2) 타동사의 간접목적어가 되는 재귀대명사

① lavar / lavarse

En Corea los hombres también lavan los platos.

한국에서는 남자들도 설거지를 한다

Me lavo las manos.

나는 손을 씻는다.

잠깐!

재귀대명사는 '자기 자신을' 혹 '자기 자신의'라는 뜻을 갖는다. 따라서 재귀동사 뒤에 직접 목적어로 나올 수 있는 신체 부위 앞에 소유형용사를 사용할 필요가 없다. 그 대신 행위자 자신의 신체 부위를 뜻하기 때문에 정관사를 사용하는 것이 맞다.

Me lavo las manos. (O)
나는 손을 씻는다.
Me lavo mis manos. (X)
나는 나의 손을 씻는다.

정리

Me despierto 나는 잠에서 깬다. (행위자: 나 행위: 잠에서 깨우다 대상: 나)
Lavo sus manos. 나는 그의 손을 씻긴다. (행위자: 나 행위: 씻기다 대상: 타인의 손)
Me lavo las manos. 나는 손을 씻는다. (행위자: 나 행위: 씻기다 대상: 내 손)

다음은 생활 속에서 자주 접할 수 있는 재귀동사들이다. abrigarse, acostarse, afeitarse, arreglarse, maquillarse, cambiarse, casarse, cepillarse, depilarse, despertarse, ducharse, bañarse, levantarse, peinarse, recostarse, secarse, sentarse, quitarse, desvestirse, tumbarse, vestirse.

유용한 표현

■ **Hacer el tonto:** 바보짓 하다(바보처럼 굴다), 할 일은 하지 않고 불필요한 일에 시간 낭비하다

예) En las fiestas familiares siempre hago el tonto y por eso mi madre se enfada mucho.

가족 모임에서 나는 항상 엉뚱하게 굴어 어머니께서 무척 화를 내신다.

■ **Hacerse el loco (= disimular):** 눈치채지 못한 척 하다, 못 알아듣는 척하다, 시치미를 떼다.

예) María ha perdido el anillo de diamante de su madre y, cuando su madre le pregunta por él, se hace la loca porque tiene miedo.

마리아는 어머니의 다이아 반지를 잃어버렸다. 어머니께서 반지를 찾으시자 겁이 나서 시치미를 떼고 모른 척 한다.

■ **Tener miedo de ~:** ~가 두렵다.

예) Tengo miedo de su venganza.

그의 보복이 두렵다.

Tengo miedo de perderte.

나는 너를 잃을까 두렵다.

연습문제

1. 다음을 스페인어로 표현하시오
   - ▸ 일반 타동사에는 밑줄을 그었고, 재귀동사는 다른 색상으로 처리했다. 일반 타동사와 재귀동사를 구분하여 스페인어로 옮긴다.
   - ▸ 반복된 단어나 표현은 대명사나 다른 어휘를 이용하여 반복을 피한다.

1. 내 이름은 Teresa Luisa이지만, 사람들은 나를 Terelú라고 부른다.

2. 나는 매일 아침 7시에 잠에서 깹니다. 7시 30분에야 일어나서 아침 식사를 합니다. 식사 후 나는 양치하고 학교에 갑니다.

3. 아플 때는 늘 어머니께서 나를 깨워 주신다. 어머니는 옷도 입혀 주시고 양말도 신겨 주신다. 하지만 이는 내가 닦는다.

4. Mónica는 집에 돌아오면 먼저 옷을 벗고 샤워를 합니다. 그리고 나서 저녁을 준비합니다. 10시에 아들을 재우고 자신은 11시에 잠자리에 듭니다.

5. 한국에서는 집에 들어갈 때 신발을 벗는다. 대부분의 외국인들은 이젠 우리가 이런 풍습을 가지고 있는 것을 잘 안다.

6. Ana는 화장하고 머리 말리는데 시간이 너무 많이 걸린다. 저녁에도 집에 돌아오면 옷을 갈아입고 거울 앞에 앉는다. 그리고 20분 동안 화장을 지운다. 그리고 30분간 샤워를 한다. 그리고 샤워를 한 뒤에 15분간 또 머리를 말린다. 나는 그녀를 이해할 수 없다. 모든 여자가 다 이런 것인가?

7. 스타일리스트는 그녀를 거울 앞에 앉히고 화장을 지워준다. 그녀의 머리를 감겨주고 20분간 정성스레 그녀의 머리를 말려준다.

〈정성스레 con esmero〉

8. Mario는 술에 잔뜩 취했습니다. 그의 아내가 그에게 고함을 지릅니다. 그렇지만 Mario는 못들은 척 합니다. 양말도 안 벗고 자리에 들어 눕습니다.

9. Nacho는 늘 Paola 옆에 앉으려고 애쓴다. 하지만 Paola는 Nacho가 자기 옆에 앉으면 즉시 일어나 다른 곳에 간다. 그를 두려워한다.

10. 나는 가끔 바보짓도 하지만, 그녀는 여전히 나에 대한 애정을 보여준다. 정말로 다행이야.

〈다행이다 menos mal〉

11. 나는 몸에 털이 너무 많아서 여름에는, 특히 수영장에 가기 전에는 항상 제모를 한다.

〈털 el vello / 수영장 la piscina〉

12. 그는 요즈음 너무 일이 많아 스트레스가 심하다고 느낀다. 그래서 잠시 의자에 기대어 조용한 음악을 들은 후 그날 일정을 체크한다.

〈조용한 tranquilo / 일정을 체크하다 revisar la agenda〉

13. 어머니께서는 추위를 많이 타신다. 그래서 집에서는 이 담요로 항상 몸을 감싸신다.

〈추위에 약한 사람이다 ser friolero / 담요 la manta〉

14. 시험기간에는 모두들 도서관에 있다. 하지만 나는 집에서 혼자 공부한다. 피곤할 때면 머리를 책 위에 놓고 100까지 센다, 가끔은 옷을 갈아입고 다시 공부하기 시작한다.

〈옷을 갈아입다 cambiarse de ropa / ~을 시작하다 ponerse a 동사원형〉

15. 나는 자주 대형마트에서 주는 음식을 시식하지만, 옷 가게에서 옷을 입어보지는 않는다.

〈대형마트 el hipermercado / 주다 ofrecer〉

2. 다음 상황을 파악하고 우리말 부분을 스페인어로 옮기시오.

(상황 1)

[몇 시에 일어나니?]

Natalia: Andrés, ¿a qué hora te despiertas?

Andrés: Normalmente me despierto a las siete de la mañana. ¿Y tú?

Natalia: A mí me despierta mi madre todos los días sobre las siete y cuarto.

Andrés: ¿Y te levantas en seguida?

Natalia: No, ¡qué va! Habitualmente sigo en la cama unos minutos más pensando en mis cosas. ¿Y tú?

Andrés: 나는 즉시 일어나. 그렇지 않으면 너무 늦게까지 자서 수업에 늦어. 엄마는 나를 절대로 깨우시질 않아. 내 걱정은 하지 않으시는 것 같아.

〈그렇지 않으면 si no / ~하는 것 같다 parece que〉

Natalia: 그래야 네가 책임감이 있는 사람이 되지.

(상황 2)

[토요일 아침에 일어나면 뭘 하니?]

Jorge: ¿Qué haces normalmente los sábados cuando te levantas?

Enrique: Los sábados, cuando me levanto, normalmente salgo a correr y cuando vuelvo me ducho, tomo un café y me siento un rato en el despacho de mi padre para leer periódicos hasta la hora de comer.

Jorge: ¿Y después qué haces?

Enrique: Después de comer tomo una siesta.

Jorge: ¿Qué tal si vamos al gimnasio y hacemos algún tipo de ejercicio? Practicar algún deporte te relaja bastante, y eso te ayuda a mantener la salud.

Enrique: Bueno, no sé. Yo, los sábados, prefiero estar en casa y relajarme con música.

Jorge: ¡Qué perezoso eres! Venga, vamos al gimnasio y luego al cine; a ver la última película cómica y así podemos descansar un rato. ¿Qué te parece?

Enrique: 알았어, 가자. 영화 보면서 즐거운 시간을 좀 가져보자.

〈즐거운 시간을 가지다 pasar buenos ratos〉

Jorge: 극장 앞에서 Carla와 Beatriz가 우리를 기다릴 거야.

Enrique: 그 아이들도 우리와 함께 영화 보니?

Jorge: 응, 물론이지!

Enrique: 와우! 그런데 여자 아이들은 Woody Allen의 영화를 지루해 하잖아.

〈지루해 하다 aburrirse con〉

Jorge: 걱정하지 마. Carla와 Beatriz는 우리와 시간을 보낸다는 것으로도 충분히 기뻐해.

Tomar apuntes

GUSTAR 동사

제6과

GUSTAR 동사

Gustar는 영어의 like에 해당하는 동사이다. 스페인어의 대부분의 동사들은 '주어 + 동사 + 목적어' 순서가 일반적이나, gustar동사는 간접목적대명사를 동반하는 구조를 취한다: '간접목적대명사 + 동사 + 주어'. 문장을 직역하면 '~가 ~의 마음에 든다'이지만 일반적으로 의역하여 '~가 ~을 좋아한다'라고 해석한다.

Me gustan las manzanas.
직역: 사과가 내 마음에 든다.
의역: 나는 사과를 좋아한다.

잠깐!

Gustar는 영어의 like에, querer는 want 또는 love에 해당한다.
Me gusta la ropa.
나는 이 옷이 마음에 든다.
비교: Quiero la ropa.
나는 이 옷을 원한다.

A Magdalena le <u>gustan</u> las flores.

Magdalena는 꽃을 좋아한다.

A: ¿Te <u>gusto</u> yo?
너는 나를 좋아하니?

B: Sí, me gustas mucho.
그래, 나는 너를 무척 좋아해.

Gustar동사는 뒤에 오는 주어의 인칭에 맞게 변화시켜야 한다. 첫 문장에서 '꽃'이 3인칭 복수이기 때문에 gustar 동사가 3인칭 복수로 나타나는 것이고, 두 번째 문장의 질문의 주어는 '나'이고 1인칭 단수이기 때문에 gustar 동사가 1인칭 단수인 것이다. 대답에서의 주어는 2인칭인 tú이므로 동사가 gustas로 변화되었다.

그러나 gustar동사 뒤에 오는 주어가 동사원형인 경우, 뒤에 오는 동사원형의 개수와는 관계없이 gustar동사는 늘 3인칭 단수가 된다.

Me gusta bailar. (O)
나는 춤추는 것을 좋아한다.

Me gusta beber, cantar y bailar. (O)
나는 음주가무를 즐긴다.

Me gustan beber, cantar y bailar. (X)

간접목적어를 분명히 하거나 강조하고 싶을 때 'a + 인칭대명사' 또는 'a + 명사' 형태의 간접목적어를 중복해서 쓸 수 있다.

A mí me gustan las manzanas.
나는 사과를 좋아한다.

A Carlos le gusta ese deporte de invierno.
Carlos는 그 겨울 스포츠를 좋아한다.

Tip

Gustar동사를 사용할 때 주의해야 할 점:
- 동사 앞에는 반드시 '간접목적대명사'가 온다.
- 동사는 뒤에 나오는 주어와 수를 일치시켜야 한다.(주어가 동사원형인 경우에는 단수 사용)

다음은 gustar동사와 같은 구조를 가진 동사들이다. 많이 사용되는 동사들이므로 숙지하는 것이 좋다.

aburrir, agradar, apetecer, asustar, convenir, doler, enloquecer, entusiasmar, extrañar, faltar, fascinar, fastidiar, importar, interesar, irritar, molestar, parecer, preocupar, sorprender, quedar, tocar

Tip

Doler동사는 '~에 통증이 있다'라는 뜻이다. 따라서 단순히 '아프다'라는 말을 할 때 사용되는 표현이 아니다. 구체적으로 어디가 아픈지, 아픈 부위를 말해야 한다.

우리 어머니께서 편찮으시다.
Mi madre duele. (X) / Mi madre está enferma. (O)
머리가 몹시 아프다.
Me duele mucho <u>la cabeza</u>. (O)
이(치아)가 아픈 거야?
¿Te duelen los <u>dientes</u>? (O)

유용한 표현

- **Merecer la pena (= valer la pena):** ~할 만 하다, ~할 가치가 있다

  예) Merece la pena ver esta película.

  이 영화 볼만하다.

- **Al igual que ~ (명사 / 부사):** ~ (명사 / 부사) 와 마찬가지로

  예) Al igual que los hombres, las mujeres quieren hacer (= practicar) deportes extremos.

  남자들과 마찬가지로 여자들도 익스트림 스포츠를 하길 원한다.

  예) Al igual que ayer, hoy también vamos a caminar durante 3 horas.

  어제와 마찬가지로 오늘도 세시간 동안 걷도록 하자.

연습문제

1. 다음을 스페인어로 표현하시오

▸ Gustar와 용법이 같은 동사는 다른 색상으로 처리했고, 반복되는 단어에는 밑줄을 그었다.

1. Sandra에게 그 옷이 잘 어울린다. 하지만 그녀는 돈이 없기 때문에 옷을 사지는 못한다.

2. 너는 항상 내가 너에게 중요하다고 하지만, 한 번도 주말에 나와 함께 시간을 보내주지 않잖아. 정말 내가 <u>너에게</u> 중요하니?

3. A: 얼마가 부족하니?
   B: 이만 원이 부족해요.

4. A: 왜 자꾸 나를 성가시게(귀찮게) 하니? 그럼 재미있니?
   B: 네가 내 마음에 들어서야! 넌 내가 어떠니?
   A: 솔직히 난 네가 조금 성가신데.

5. A: 왜 그래? 안색이 안 좋은데? 어디 아프니?
B: 응, 배가 많이 아파. 열도 있는 것 같고 어지러워. 토할 것 같아.
A: 언제부터 아픈 거야?
B: 3시간 전부터.
A: 그래? 그럼, 병원에 가자.
〈안색이 좋다(나쁘다) tener buena/mala cara / 어지럽다 tener un mareo / 배가 아프다 doler la barriga (비교: 위가 아프다 doler el estómago) / 토하다 vomitar〉

6. A: 오늘 누가 청소할 차례지? 네 차례지?
B: 아니야. 내 차례는 호세와 마찬가지로 내일이야.
A: 아, 이제 알았다. 네 차례가 아니라, 내 차례야! 미안해!
〈~가 ~할 차례 / 순번이다 tocar algo a alguien〉

7. 마야 유적지는 우리를 매료시킨다. 그래서 우리는 현장체험에 열광한다. 그렇기 때문에 우리는 무더위도 싫지 않고, 숨이 턱턱 막히는 밀림의 날씨도 힘들지 않다.

〈현장체험 la experencia in situ / 밀림 la selva, la jungla / 무더위 el calor sofocante / 힘들다 costar〉

8. Carlos Slim은 요즘 청년들에게는 진취적인 기상과 근면성이 부족하다고 생각한다.

★ Carlos Slim (1940-현재): 멕시코 텔멕스 텔레콤 회장. 포브스지 발표. 2009년, 2010년 세계 최고의 갑부.

〈진취적인 기상 el espíritu emprendedor / 근면 la diligencia〉

9. 한국인들은 다양한 면에서 커피를 좋아한다. 커피를 마시는 것도, 만드는 것도 좋아하지만, 한국인들은 커피 맛보다는 브랜드를 선호하는 것 같다.

〈브랜드 la marca / 근면 la diligencia〉

10. Salvador Dalí의 작품은 초현실적 형상으로 우리를 놀라게 한다. 스페인에 있는 살바도르 달리 박물관에 꼭 한 번 가 볼만 하다.

★ Salvador Dalí(1904-1989): 스페인의 초현실주의 화가. 대표작으로는 『기억의 영속*La persistencia de la memoria*』(1931), 『나르시스의 변형*Metamorfosis de Narciso*』(1937) 등이 있다.

〈초현실적 surrealista / 형상 la figura〉

2. 다음 상황을 파악하고 우리말 부분을 스페인어로 옮기시오.

(상황)

[어떤 영화를 좋아하니?]

Miguel: ¡Qué sorpresa! ¿Qué haces tú por aquí en la biblioteca, Minhee?

Minhee: Hola, ¡Miguel! ¡Cuánto tiempo sin verte! Vengo a buscar una película en español.

Miguel: ¿Qué tipo de películas te gustan? A mí me gustan las de fantasía o suspense.

Minhee: A mí, los dramas o las comedias románticas, pero esta vez es igual. No me importa el género; quiero ver una película fácil y divertida.

Miguel: 그러면 너에게 액션 영화 한 편을 추천하지!

Minhee: 그건 싫어! 시끄러운 영화는 싫어.

Miguel: 여자들이란! 모두 다 똑같아! 차라리 극장에나 가자. 난 영화를 극장에서 대형 화면으로 보고 싶어. 오후에 영화 한 편 보러 갈 건데, 같이 갈래?

Minhee: 뭐 볼 건데?

Miguel: Almodóvar의 최신 영화 *La piel que habito*를 보려고. 나는 이 스페인 감독의 영화를 너무 좋아해.

Minhee: 몇 시에 시작하는지 알아?

Miguel: 오후 2시. 아직 2시간 남았어. 가다가 뭘 좀 먹자. 내가 햄버거 살게.

〈가는 도중에 en el camino / 사다(쏘다) invitar a〉

Minhee: 아냐, 오늘은 내가 살게. 내 차례야, 기억하지?

Tomar apuntes

관계사

제7과

관계사는 두 문장을 한 문장으로 만들 때 사용한다. 관계사에는 관계대명사, 관계형용사, 관계부사가 있다.

관계대명사

que
el que / la que / los que / las que
quien / quienes
el cual / la cual / los cuales / las cuales
lo que / lo cual

동일한 명사를 각각 소유한 두 문장을 하나의 문장으로 만들 때, 관계대명사를 이용하여 동일 명사의 반복을 피한다. 이때 주절에 있는 명사가 선행사가 되고 종속절에서 반복되는 명사가 관계대명사로 대체된다. 종속절의 내용은 선행사를 한정하거나 설명하는 기능을 한다.

Hay un hombre en la sala.
거실에 한 남자가 있다.

El hombre es mi tío.

그 남자는 나의 숙부이시다.

↓

El hombre que está en la sala es mi tío.

거실에 있는 남자분은 나의 숙부이시다.

Tip

스페인어에서는 관계대명사를 생략할 수 없다. Que는 성·수 변화하지 않고, quien은 단·복수로만 변화한다. El que의 경우 앞의 정관사만 성·수 변화(la que, los que, las que)하고, el cual은 앞의 정관사는 성·수 변화하며, 뒤의 cual은 수만 변화(el cual, la cual, los cuales, las cuales)한다.

유용한 표현

- **Andar de capa caída (= estar desanimado):** 의기소침하다

  예) ¿Qué le pasa a Matilde? ¿Por qué anda de capa caída?

  Matilde한테 무슨 일 있니? 왜 의기소침한 거야?

- **Echar una mano a alguien (= ayudar, dar ayuda, prestar ayuda):** 도와주다

  예) Marta me echa una mano siempre que yo la necesito.

  Marta는 내가 필요로 할 때 늘 내게 손 내밀어 준다.

- **Pasar la noche en blanco (= ~ en vela, ~ sin pegar ojo):** 뜬눈으로 밤을 새다.

  예) Mi padre está pasando por unos momentos difíciles; a menudo pasa la noche en blanco.

  아버지께서는 어려운 시간을 보내고 계시고 자주 뜬눈으로 밤을 지새우신다.

- **Estar de + 명사:** ~ 하는 중이다

  예) Estar de viaje, ~ de vacaciones, ~ de compras, ~ de luto, ~ de moda, etc.

  여행 중이다, 휴가 중이다, 쇼핑 중이다, 상 중이다, 유행 중이다.

연습문제

1. 다음을 스페인어로 표현하시오

▶ 관계절은 다른 색상으로 처리했고 선행사에는 밑줄을 그었다.

1. 우리 이모님께서는 하이브리드 차를 한 대 가지고 계시다.
   그 차는 파란 색이다.
   우리 이모님께서 갖고 계신 하이브리드 차는 파란 색이다.
   〈하이브리드 híbrido〉

2. Diego는 볼펜으로 편지를 쓴다.
   그 볼펜은 비싸다.
   Diego가 편지를 쓰는 볼펜은 비싸다.

3. 저 키 큰 소녀는 나의 사촌이다.
그 소녀는 지금 Roberto와 말한다.
Roberto와 지금 말하는 저 키 큰 소녀는 나의 사촌이다.

4. 이 친구는 네가 서울에서 체류하는 동안 함께 방을 사용하게 될 룸메이트니 잘 해주어야 한다.
〈룸메이트 el compañero de piso〉

5. 2월에 이사 가려는 집은 아주 크고 좋지만, 대여비가 너무 비싸다.

〈이사하다 mudarse〉

6. 일포스티노(*Il Postino*)』라는 영화를 좋아하는 사람들은 Pablo Neruda의 시에 관심을 갖는다.

★ *Il Postino* (1984), 칠레의 노벨 문학상 수상자 파블로 네루다(Pablo Neruda)가 이탈리아에서 망명생활을 할 때 알게 된 집배원과의 인연을 그린 실화를 바탕으로 한 영화.

7. 우리가 사는 세상은 불공평하다.

〈불공평하다 ser injusto〉

8. 그것이 바로 우리가 이곳에서 떠나는 이유이다.

9. 어머니, 제가 사랑하는 여자는 Ana이지, Isabel이 아닙니다.

10. 우리 아버지께서 근무하시는 회사는 한국에서 가장 중요한 기업 중의 하나이다. 일 때문에 아버지께서는 자주 뜬눈으로 밤을 지새우신다.

11. Patricia의 라식 수술을 담당하는 안과의사는 그리스 사람인데 지금 여행 중이야. 그래서 일주일 후 수술할 예정이야.

〈라식 수술 la cirugía LASIK (= Laser-Assisted in Situ Keratomileusis) / 안과의사 el oftalmólogo〉

12. 위원회가 우리의 프로젝트에 많은 관심을 보인다. 그것은 매우 고무적인 일이다.

〈고무적인 alentador〉

13. 그 선수는 이번 경기에 불참할 것인데 그것은 안타까운 일이다.

14. Patricio는 지금 상(喪) 중이다. 그는 할머니의 죽음으로 의기소침해져 있고, 그것이 나를 슬프게 한다. 내가 그를 도와주어야만 한다.
〈의기소침한 decaído, apagado〉

15. 이 땅에는 나를 사랑하는 사람이 아무도 없고, 그로 인해 나는 이 땅을 떠날 것이다.

관계형용사

cuyo / cuya / cuyos / cuyas
cuanto / cuanta / cuantos / cuantas

Tip

모든 관계형용사는 성·수 변화한다.

유용한 표현

- **Echar de menos** (비교: 라틴아메리카에서는 extrañar동사를 사용한다): 그리워하다.
  예) Te echo de menos. / Te extraño. 네가 그립다.
- **Tener buena percha (= ser esbelto y bien formado):**
  몸매가 좋다 (옷걸이가 좋다).
  예) Tener buena percha es bueno para cualquiera.
  몸매가 좋다는 건(옷걸이가 좋다는 건) 누구에게나 좋은 일이다.

연습문제

1. 다음을 스페인어로 표현하시오
   ▶ 관계절에는 음영을 주었고 선행사에는 밑줄을 그었다.

1. 나는 친구가 하나 있다.
   그 친구의 여자 친구는 몸매가 좋다.
   나는 몸매가 좋은 여자 친구를 둔 친구가 있다.

2. 오늘 저녁에 María가 옵니다.
   María의 집은 이 도시에서 가장 아름다운 집입니다.
   오늘 저녁에 이 도시에서 가장 아름다운 집을 가진 María가 옵니다.

3. El Cid는 늘 가족을 그리워한다.
El Cid의 딸들은 미인이다.
딸들이 미인인 El Cid는 늘 가족을 그리워한다.

★ El Cid, Rodrígo Díaz de Vivar (1043?~1099): 『엘 시드의 노래 *Cantar de Mío Cid*』의 모티브가 된 중세 스페인의 명장.

4. 학생들이 외국어를 잘하는 학교는 우리 학교라고들 합니다. 사실인가요?

5. 너는 토마티나 축제에 함께 갈 그 학생을 잘 아니?

★ La Tomatina: 스페인 발렌시아(Valencia) 부뇰(Buñol)에서 매년 8월 열리는 축제로서 이 기간 중 축제 참가자들은 길에서 마음껏 토마토를 던질 수 있다.

6. 내가 가진 모든 책을 너에게 주겠다.

7. 너희들은 선생님이 얼마나 너희들을 사랑하는지 모를 것이다.

8. 그는 정원에 있는 모든 장미꽃을 그녀에게 선물했다.

9. 학생들은 있는 모든 열정을 스페인어 공부하는 데만 바쳤다. 그래서 이제는 세계의 주역이 되었다.

〈주역 el protagonista〉

10. 그 청년은 책장에 있는 모든 개미를 살충제로 죽였다.

〈개미 la hormiga / 살충제 el insecticida〉

관계부사

cuando
donde
como

Tip

모든 관계부사는 부사 특성상 성·수 변화하지 않는다.

유용한 표현

- **Como sardinas en lata:** 빽빽한 상태로, 초만원의~

  예) Estamos en el metro como sardinas en lata.

  우리는 콩나물 시루 같은 지하철 속에 있다.

연습문제

1. 다음을 스페인어로 표현하시오

▶ 종속절은 다른 색상으로 처리했고 선행사에는 밑줄을 그었다.

1. 그는 항상 내가 해외에 체류하는 시기인 겨울에 우리나라를 방문한다.

2. 예쁜 가게들이 많은 학교 근처의 거리에서 젊은이들이 자주 만나서 어울린다. 그래서 그 지역으로 가는 버스에는 항상 사람들이 빽빽하다.

〈어울리다 juntarse〉

3. 우리는 날씨가 무척이나 더운 7월 중순에 휴가를 떠날 예정이다.

〈중순에 a mediados de〉

4. 그 드라마의 여자 주인공은 자신이 어디로 가는 지도 모른다. 그녀가 향하는 곳은 남자 주인공이 여자 주인공을 애타게 기다리고 있는 도서관이다.

〈애타게 desesperadamente, con desesperación〉

5. 나는 그 과학자가 환경을 보호하고자 하는 그 방식이 마음에 든다. 그것도 단기간에 말이다.

〈환경 el medio ambiente / 그것도 y eso / 단기간 a corto plazo〉

관계사 QUE의 제한적 용법과 설명적 용법의 차이

관계사의 제한적 용법과 설명적 용법

제한적인 용법으로 사용되는 관계사가 이끄는 종속절은 배제 불가능한 정보를 제공한다. 즉, 종속절이 제공하는 정보 없이는 화자의 의도를 청자가 정확하게 이해할 수 없으며, 경우에 따라서는 전혀 다르게 이해할 수도 있다. 따라서 이 경우 종속절은 생략할 수 없다.

다음과 같은 상황을 가정해 보자.

Madre: Hijo, tráeme la caja.
애야, 상자 좀 가져다 주렴.

Pedro: ¿Es esta?
이 거요?

Madre: No, no lo es.
Quiero la caja que está dentro del armario de mi cuarto.
아니, 이거 말고, 내 방 옷장 안에 있는 상자 말이야.

Pedro: ¡Oh, mamá! ¿Por qué no me lo has dicho antes?
No entiendo de verdad por qué me haces trabajar dos veces.
엄마도 참! 왜 그렇게 진작 말씀해 주시지 않았어요? 왜 두 번 일하게 하시는지 정말 모르겠어요.

위의 대화에서 어머니는 상자를 가져다 달라고 아들에게 요청할 때 제한적인 용법으로 사용된 관계사가 이끄는 종속절 '방 옷장 안에 있는'을 생략하였다. 그래서 그들 사이에 의사소통이 원활하게 이루어지지 않아 어머니가 원하는 상자를 가져오지 못한 것이다. 어머니는 처음부터 "Hijo, tráeme la caja que está dentro del armario de mi cuarto"라고 말했어야 했다. 이 경우 관계사가 이끄는 종속절은 선행사를 한정하는 제한적 용법이다.

♣♣♣

설명적인 용법은 이미 알고 있는 것을 부연 설명할 때 주로 사용한다. 이때 관계사가 이끄는 종속절은 쉼표 사이에 위치한다.

Los alumnos que viven cerca llegan tarde. No los entiendo. <제한적 용법>

가까이 사는 학생들이 지각을 해. 나는 그들을 이해하지 못하겠어.

** 학생들 중에는 멀리 또는 가까이 사는 학생들이 있는데 이들 중 가까이 사는 아이들만으로 제한한다.

Los alumnos, que viven cerca, llegan tarde. <설명적 용법>

학생들은 가까이 사는데 그 아이들이 지각을 한다.

** 학생들은 모두들 가까이 사는데 그들이 지각한다는 의미이다.

부연설명들의 예를 몇 가지 더 살펴 보기로 하자:

- 막내 딸로 태어난 김연아는 2012년 국민훈장 모란장을 수여한다.
- 몸무게가 74kg 나가는 마린보이 박태환 선수는 대한민국 전 국민의 자랑이다.

유용한 표현

■ **Decir / echar pestes de aguien:** 누구에 대해 험담하다

예) Manuel es mala persona, siempre está echando pestes de sus amigos.

Manuel은 나빠, 항상 친구들에 대해 험담을 해.

■ **En vista de + 명사 / 명사구:** ~을 보아하니

예) En vista de lo sucedido, es mejor anular la boda de nuestra hija con su hijo.

상황을 보아하니, 우리 딸과 당신 아들의 결혼식을 없었던 일로 하는 게 낫겠소.

■ **En condiciones (= en buen estado o en buenas circunstancias):** 양호한 상태, 좋은 상태로

예) Tienes que entregar el piso en condiciones.

너는 아파트를 양호한 상태로 넘겨야 한다.

연습문제

1. 다음을 스페인어로 표현하시오

▶ 관계절에는 음영을 주었고 선행사에는 밑줄을 그었다.

1. 미국 대통령은 백악관에서 국빈 방문 중인 대한민국 대통령과 영부인을 맞이한다. (설명적 용법)

〈백악관 la Casa Blanca / 국빈 방문 la visita oficial / 영부인 la primera dama〉

2. 욕설을 내뱉고 있는 저 아주머니께서는 사실 재벌가 며느리이시다. 정황을 보아하니 많이 화가 나셨나보다. (제한적 용법)

〈사실 en realidad / 재벌가 며느리 la nuera de un magnate〉

3. 우리나라 축구선수 중 가장 유명한 박지성은 현재 영국에서 활약하고 있고 전 세계 축구애호가들의 전폭적인 관심과 사랑을 받고 있다. (설명적 용법)

〈활약하다 jugar/desempeñar un papel importante〉

4. 건물 앞에 주차되어 있는 저 차는 조심해서 운전해야만 한다. 그리고 양호한 상태로 내게 돌려주어야만 한다. (제한적 용법)

5. 결과를 보니 너만 A+를 받게 될 것이다. 95점을 넘는 학생만이 A+을 받을 수 있으니까. (제한적 용법)

〈점수를 받다, 넘다 alcanzar/conseguir una nota〉

2. 다음 상황을 읽고 우리말 부분을 스페인어로 옮기시오.

[밤늦게 TV를 켜고 축구 경기를 보고 있는 남편과
축구에 큰 관심이 없는 아내의 대화 상황이다]

Mujer: ¿Qué haces?, ¿no te acuestas?

Marido: Todavía no. Hay un partido de fútbol en la tele.

Mujer: ¿Cuáles son los equipos que juegan?

Marido: El Real Madrid y el Barcelona.

Mujer: ¿Qué? ¿Qué equipos? Dímelo otra vez.

Marido: El Real Madrid y el Barcelona. Estos equipos, que tienen a los mejores jugadores, son actualmente los más importantes del mundo. (설명적 용법)

Mujer: ¡Ah! Y ¿cuál es el Barcelona?

Marido: 빨강색 유니폼을 입고 있는 선수들이 바르셀로나 팀이야.

Mujer: 그 팀에서 아르헨티나 출신의 세계적인 선수 Lionel Messi가 뛰고 있는 거지요?

Marido: 그렇지. 왜, 당신, 그 선수를 좋아해?

Mujer: 아니, 좋아하는 게 아니라 너~무 좋아하지!

Mujer: 지금 어떤 팀이 이기고 있는 거예요?

Marido: 당신이 사랑하는 선수가 뛰고 있는 바르셀로나 팀이 1대 0로 이기고 있어.

Tomar apuntes

현재완료 · 단순과거 · 불완료과거 · 과거완료

제8과

스페인어 동사에는 단순 시제와 복합 시제가 있다. 직설법 단순 시제들은 그들 각각의 시제의 축을 기준으로 동시, 혹은 그 후에 일어나는 행위를 표현한다. 반면에 복합시제들은 그들 각각의 시제의 축에 선행되는 것을 나타낸다.

직설법 현재완료

현재완료의 형태는 'haber 동사의 현재시제 + 과거분사'이다.

apreciar (높이 평가하다)	acceder (접근하다)	insistir (주장하다)
he has ha hemos habéis han } apreciado	he has ha hemos habéis han } accedido	he has ha hemos habéis han } insistido

현재완료의 용법:

1) 현재와 시간적으로나 심리적으로 가까운 시기에 완료된 행위를 나타낸다. 현재완료는 오늘(hoy) 오늘 아침(esta mañana), 오늘 오후(esta tarde), 이번 주(esta semana), 이번 달 (este mes), 현 세기(este siglo) 등 현재 순간을 포함하는 부사, 또는 근접한 과거의 시간을 나타내는 조금 전(hace un momento / hace poco / hace un rato), 최근에(últimamente / recientemente)등과 같이 사용되는 경우가 많다.

Hoy he visto a Alicia en el centro comercial.
오늘 나는 쇼핑몰에서 Alicia를 보았다.

Esta semana he acabado la tarea más difícil.
이번 주에 나는 가장 어려운 과제를 끝냈다

Carlos ha salido hace un rato.
Carlos는 조금 전에 나갔다.

¿Qué has comido?
너는 무엇을 먹었니?

잠깐!

현재완료 문장은 hoy나 esta tarde와 같은 시간 부사를 사용하지 않더라도 화맥에 따라 ¿Qué has comido?는 ¿Qué has comido hoy/esta tarde?와 같은 의미로 이해된다.

2) 지금까지의 경험을 나타낸다. 이때는 언젠가(alguna vez), 결코(nunca), 지금까지(hasta ahora/hasta este momento, todavía), ~의 일생에서(en mi vida/en tu vida/en su vida...) 등과 같이 사용되는 경우도 있다,

A: A mí me encanta el gazpacho de ese restaurante. ¿Lo has probado?
나는 저 식당의 가스파쵸를 너무 좋아해. 먹어 봤니?

B: No, no lo he probado todavía. ¿Qué tal si vamos ahora mismo?
아니, 아직 못 먹어 봤어. 지금 당장 가보면 어떨까?

잠깐!

영어의 현재완료 용법과 스페인어의 현재완료 용법에는 차이점에 유의해야 한다.

Esta mañana me he levantado a las siete. (현재완료)
Today I woke up at seven. (과거)

I have lived in Seoul since 1977. (계속적 용법: 현재 서울에 살고 있음)
≠ He vivido en Seúl.
(경험적 용법: 서울에 살았던 적이 있다. 현재 서울에 살고 있지 않다)
** 영어 예문과 같은 의미로는 Vivo en Seúl desde 1977라고 해야 한다.

잠깐!

스페인에서 통용되는 현재완료 용법은 중남미 대부분의 지역에서는 단순과거로 사용된다. 중남미에서는 현재완료 시제는 단지 경험을 표현하기 위해서 사용한다.

A: ¿Has estado alguna vez en Corea?
한국에 와 본 적 있니?

B: No, esta es la primera vez.
이번이 첫 번째이야.

단순과거 (완료과거 단순형)

admirar (존경하다)	correr (달리다)	subir (오르다)
admiré	corrí	subí
admiraste	corriste	subiste
admiró	corrió	subió
admiramos	corrimos	subimos
admirasteis	corristeis	subisteis
admiraron	corrieron	subieron

단순과거의 용법:

앞서 설명한 현재완료시제와는 달리 과거의 발생된 동작이나 사건을 나타낸다.

1) 과거 한 시점에 종결된 동작이나 상태를 표현한다.

A: ¿Qué hiciste ayer?
너는 어제 뭐했니?

B: Ayer me encontré con Ana en el metro por casualidad y tomamos café.
나는 어제 지하철에서 우연히 Ana를 만나서 커피를 마셨어.

2) 과거 일정 기간 동안 지속되었으나 결국 종결된 동작이나 상태를 나타낸다.

Estudié español en México durante 2 años.
나는 멕시코에서 2년 동안 스페인어를 공부했다.

잠깐!

과거에서 시작되어 현재까지 지속되는 동작이나 상태의 경우, <Hace + 시간 + que + 주어 + 현재동사> 또는 <주어 + 현재동사 + desde hace 시간>의 구문을 사용해야 한다.

Hace dos años que estudio español en México.
Estudio español en México desde hace dos años.
나는 멕시코에서 2년 째 스페인어를 공부하고 있다.

유용한 표현

■ **Rascarse la barriga:** 빈둥거리다, 손 놓고 있다

예) Su marido se pasa la vida rascándose la barriga.
그녀의 남편은 한 평생 빈둥거리고 산다.

예) El mundo se rasca la barriga frente al mayor drama del Oriente Medio.
전 세계가 중동의 비극 앞에 손 놓고 있다.

■ **Hacerse ~:** ~이 되다

예) Él se hizo periodista.
그는 언론인이 되었다.

예) Se hace vinagre el vino.
와인이 식초가 된다.

예) Se hizo la hora de comer.
점심 먹을 시간이 되었다.

연습문제

1. 다음을 스페인어로 표현하시오

1. 지난 주 월요일 작문 수업이 끝나고 도서실에 갔다. 거기서 휴대폰을 교실에 놓고 온 것이 떠올랐다. 급히 휴대폰을 찾아보았으나 결국 찾지 못했다.

   〈기억나다, 생각이 떠오르다 acordarse〉

2. 1950년 6월 25일 한국 전쟁이 발발했다. 3년 1개월 동안 전쟁이 지속되는 동안 150만 명이 사망했고 360만 명이 부상당했다.

   〈발발하다 estallar / 전쟁 la guerra〉

3. A: 선생님 스페인 왕세자비가 누군지 아세요?

B: 응, Letizia Ortiz이지. TV 앵커출신이야. 왕세자와 비밀리에 얼마간 연애하다가 2003년 깜짝 결혼 발표를 했지. 엄청난 스캔들이었어. 결혼 후에 애를 3명 낳았어.

★ Letizia Ortiz Rocasolano (1972~현재). 전 스페인 국영 TV 앵커로, 지난 2004년 Felipe 왕세자(Príncipe de Asturias)와 결혼하여 왕세자비가 되었다.
〈왕세자비 la princesa / 앵커 el presentador / 비밀리에 en secreto / 깜짝 발표하다 anunciar por sorpresa / 결혼하다 contraer matrimonio, casarse / 아이를 낳다 dar a luz, tener hijos〉

4. 지금으로부터 21년 전 어머니는 40시간 진통 후에 제왕절개로 나를 낳으셨다. 이번 생일에도 언제나처럼 이 말씀을 해주셨다.

〈제왕절개로 mediante cesárea / 진통 contracciones del parto〉

5. 올해 나는 대학에 입학했다. 처음으로 스페인어 알파벳을 배우고, 동사 변화를 외우면서 힘도 들었지만, 그래도 지금은 외국인 선생님과 자연스럽게 대화도 할 수 있게 되었다.

〈알파벳 el alfabeto / 동사변화 la conjugación verbal〉

6. A: 이번 주말에 뭐했니?

B: 엄마가 갑자기 서울에 오신거야. 맛있는 음식을 많이 가져오셨어. 같이 쇼핑을 갔다가 늦게 돌아왔어. 그래서 아직도 너무 피곤해. 넌 뭐했니?

A: 별 거 없었어. 하루 종일 빈둥거렸어.

〈갑자기 sin avisar, de pronto, súbitamente, de repente〉

7. 학교에서 12년이나 영어를 배웠지만 영어 회화가 너무 두렵다. 이번 주에 바이어가 온대서 이번 달에 정말 열심히 준비했는데, 결국 말을 몇 마디 밖에 못했다.

〈두렵다 sentir pánico / 바이어 el cliente / 몇 마디 못하다 soltar apenas unas palabras〉

8. 나는 이번 내 생일에 친구 30명을 초대했다. 돈을 많이 썼다. 그래서 결국 어제 아버지께 혼쭐이 났다. 아버지께서 내 카드를 압수하셨다.

〈돈을 많이 쓰다 gastar, despilfarrar / 혼쭐을 내다 regañar / 압수하다 quitar, confiscar〉

9. 나는 스페인어 작문이 늘 어려웠다. 작문 때문에 한 번도 장학금을 못 받았다. 그런데 이번 학기에 드디어 A+를 받았고, 처음으로 장학금을 받았다. 기분이 최고다!

〈장학금 la beca〉

10. 지금까지 아르헨티나에는 2명의 여성 대통령이 나왔다. María Estela Martínez de Perón은 1974년 남편 Juan Domingo Perón 사망 후 세계 최초의 여성 대통령이 되었다. Cristina Fernández de Kirchner는 2007년 대통령이 되었는데, 남편도 대통령이었다.

★ María Estela Martínez de Perón (1931-현재): Juan Domingo Perón (1895~1974)의 3번째 부인으로 Isabel로 통칭된다. 대통령 사망 후 뒤를 이어 세계 최초의 여성 대통령(재임 1974-1976)이 되었다.

★ Cristina Fernández de Kirchner (1953-현재): 제47대 대통령 Nestor Carlos Kirchner (1950-2010)의 부인으로 시의원과 상원의원을 거쳐 48대 대통령에 당선됨으로써 세계 최초의 '직선 부부 대통령'이라는 진기한 기록을 남겼다.

〈**정권을 잡다** asumir el poder〉

11. A: 너 어제 부른 노래가 뭐니?

B: *Don't cry for me Argentina*야. 브로드웨이 뮤지컬 *Evita*에 나온 노래야.

B: 그 뮤지컬에 Che Guevara가 나오지 않니?

A: Che라는 인물은 있지만, Che Guevara와 아무 관계가 없어.

★ Che Guevara (1928~1967): 아르헨티나 출신의 사회주의 혁명가, 정치가, 의사, 저술가, 쿠바의 게릴라 지도자.
〈아무 관계가 없다 no tener nada que ver con〉

12. 1973년 9월 11일, 칠레 모네다궁(Palacio de La Moneda)에서 쿠테타로 Salvador Allende 당시 대통령이 사망했다.

★ Salvador Allende (1908~1973): 세계 최초로 민주선거를 통해 집권한 칠레 사회주의정당 인민연합의 대통령. 〈쿠테타 el golpe de Estado〉

13. 오늘 아침에 잠에서 깼을 때, 나는 너를 생각했다. 옷 입고, 샤워하고, 밥을 먹었다. 집을 나서면서 나는 이미 너에게 청혼하기로 결심했다.
〈청혼하다 pedir la mano de una mujer / 결심하다 decidir, tomar una/la decisión〉

14. A: 얼마 전에 영화를 봤는데, 여자 주인공이 축구를 보러 바르셀로나에 갔다. 한국 여자들이 언제부터 축구에 관심을 갖기 시작했지?
B: 2002년 한일월드컵을 통해 한국에서도 여자들이 축구에 관심을 갖기 시작한 것 같아. 축구 선수들 중에 미남이 많잖아.
〈관심을 갖기 시작하다 empezar a tener interés en / 월드컵 La Copa Mundial〉

15. A: 어젯밤 전화로 누가 나더러 테니스에 대해서 묻더라.
    B: 왜? 너 테니스 못 치잖아.
    A: 그러니까 말이야. 그래서 대답을 안 했어. 그런데 오늘 아침에 신문에서 스페인 선수 Rafael Nadal의 한국 방문 기사를 읽었어. 좋은 통역 기회를 놓친 것 같아.

★ Rafael Nadal (1986-현재): 전 세계 랭킹 1위였던 스페인 프로테니스 선수.
〈기회를 놓치다 perder, desperdiciar, desaprovechar, malograr la oportunidad〉

2. 다음 상황을 파악하고 우리말 부분을 스페인어의 알맞은 문장으로 옮기시오.

[세계일주]

A: ¿Te acuerdas de Pablo?
B: ¿Pablo Kim? ¿Aquel amigo tuyo, con el que fuimos una vez al parque de atracciones hace dos años?
A: Sí, ese mismo.
B: ¿Y qué pasó con él?
A: Lo vi anoche en un programa de televisión. Por lo visto ha recorrido el mundo entero.

B: ¡Qué envidia! 세계 일주라니! 나는 최근 2년 간 학기 중에는 수업 듣느라 너무 바빴어. 방학 중에는 등록금을 마련하기 위해 일을 해야 했어.

〈세계일주 el viaje por el mundo / 등록금을 마련하다 preparar la matrícula〉

A: 그건 나도 마찬가지야. 그런데 방송 보니까 그 선배는 2학년 때 중남미로 첫 여행을 했다더라.

〈나도 마찬가지야 ¡Y yo!, Yo también〉

B: 그래, 나도 그런 말 들은 것 같다. 그 때 여행가서 고생 많이 했다고 하더라. 여권도 분실하고, 돈도 잃어버리고, 차사고도 났고….

〈그런 말 들은 것 같다 ¡Me suena algo parecido!〉

A: 그가 올해 스페인 순례자의 길도 걸었다더라. 무려 6개월 동안. 이번 달 초에 돌아왔다고 했어.

〈순례자의 길 el camino de peregrinación〉

B: TV 출연 말고도 최근에 수필도 쓰고 시도 여러 편 발표했어.

〈TV에 출연하다 intervenir en un programa〉

A: 멋있다! 우리는 언제나 그렇게 살아볼 수 있을까?

불완료과거

mirar (바라보다)	comprender (이해하다)	salir (오다)
miraba	comprendía	salía
mirabas	comprendías	salías
miraba	comprendía	salía
mirábamos	comprendíamos	salíamos
mirabais	comprendíais	salíais
miraban	comprendían	salían

불완료 과거의 용법:

1) 과거의 지속하고 있던 동작이나 상황을 나타낸다.

Mauricio vivía en una zona tranquila cuando era joven.
Mauricio는 젊었을 때 조용한 지역에서 살았다.

No teníamos dinero y por eso estabámos muy nerviosos.
우리는 돈이 없어서 매우 예민해져 있었다.

Pero ¿qué hacías cuando te llamó ayer Martín?
그런데 어제 Martín이 전화했을 때 너 뭘 하고 있었니?

2) 과거의 반복적 습관 또는 사건을 표현할 때 사용된다.

Todos los días me levantaba a las seis de la mañana.
나는 매일 아침 6시에 일어나곤 했다.

Los domingos iba a menudo a los parques a tomar el aire puro, pero ahora no puedo, porque la vida en Seúl ya no me lo permite; tengo que trabajar incluso los fines de semana.
나는 일요일이면 맑은 공기를 마시기 위해 자주 공원에 가곤했지만, 지금은 그럴 수 없다. 서울의 생활은 그것을 허락하지 않는다. 나는 주말에도 일해야 한다.

3) 과거의 상황, 인물, 장소, 사물의 묘사를 위해 사용된다.

Su madre tenía los ojos azules y el pelo rubio.
그녀의 어머니는 푸른 눈동자에 금발 머리였다.

El cielo estaba nublado cuando llegamos al lago.
우리가 호수에 도착했을 때 하늘은 구름이 낀 상태였다.

4) 현재 시점에서 정중한 표현을 위해 쓰이기도 한다.

Señora, ¿qué quería?
부인, 뭐 찾으시는 거 있으세요?

5) 단순과거와 불완료과거 시제를 함께 사용할 때는 "~을 (하)였을때 ~을 하고 있었다/ ~이었다"는 경우로 완료된 경우는 단순과거로 지속되는 경우는 불완료과거로 표현한다.

Yo preparaba la cena cuando oí el ruido.
나는 소음을 들었을 때 저녁 준비 중이었어.

Él estaba fuera del país cuando ocurrió el accidente.
사고가 났을 때 그는 국외에 있었어.

Soplaba mucho viento cuando salí a la calle.
내가 거리에 나갔을 때 바람이 많이 불고 있었다.

Ya salía de la casa cuando me llamaste.
네가 전화했을 때 나는 이미 집을 나서고 있었어.

6) 일시적인 행위가 아닌 지속적인 행위만을 묘사할 때는 모두 불완료과거로 묘사할 수 있다.

Mientras hablaba, la miraba; mientras comía, pensaba en ella y mientras dormía, incluso soñaba con ella. Estaba loco completamente por ella.
그는 말을 하면서도 그녀를 바라보고 있었고, 밥을 먹으면서도 그녀를 생각하고 있었다. 잠을 자면서도 심지어 그녀 꿈을 꾸고 있었다. (그는) 그 여자 때문에 완전히 정신이 나간 상태였다.

잠깐!

19세기 사실주의 소설의 생동감 넘치는 인물 및 상황 묘사는 바로 불완료과거시제의 이 같은 특성에 기인한다.

Cuando ya tenía las ideas más despejadas, reconoció imparcialmente que la pereza aquella mañana no se quejaba de vicio. «Debía de ser en efecto bastante más temprano de lo que decía el reloj. Sin embargo, él estaba seguro de que el despertador no adelantaba y de que por su propia mano le había dado cuerda y puéstole en la hora la mañana anterior. Y con todo debía de ser más temprano de lo que allí decía; no podían ser las ocho, ni siquiera las siete, se lo decía el sueño que volvía, a pesar de las abluciones, y con más autoridad se lo decía la escasa luz del día».

(Leopoldo Alas Clarín, *La Regenta*, 1884-1885)

정신이 좀 들었을 때 그날 아침 좀처럼 자리를 박차고 일어나지 못했던 게 몸에 밴 나쁜 습관 때문만은 아니었다는 것을 어느 정도 인정했다. 《분명 시계가 알리는 시간보다 훨씬 더 이른 시간임에는 틀림이 없었다. 그럼에도 불구하고 그가 직접 그 전날 태엽을 감았고 시간을 맞췄기에 시간이 틀리지 않으리라 확신했다. 그러나 어찌되었든 간에 시계 바늘이 가리키는 시간보다 훨씬 이른 시간인 것 같았다. 여덟 시 일리 없었고, 일곱 시 일리는 만무했다. 온 몸을 씻었음에도 계속 쏟아지는 잠이 그것을 증명했고, 그 무엇보다도 희미한 여명이 그것을 말해주었다.》

(Leopoldo Alas Clarín의 『섭정의 아내』 1884-1885)

과거완료 (Pretérito pluscuamperfecto o antecopretérito)

과거완료의 형태는 'haber 동사의 불완료과거형 + 과거분사'이다.

cantar (노래하다)	aprender (배우다)	exigir (요구하다)
había habías había habíamos habíais habían } cantado	había habías había habíamos habíais habían } aprendido	había habías había habíamos habíais habían } exigido

과거완료의 용법:

과거완료는 과거의 어떤 행위보다 앞서 이루어진 동작을 나타낼 때 사용한다.

Cuando llegué a casa, mis padres (ya) habían terminado de cenar.
내가 집에 도착했을 때 부모님께서는 이미 저녁 식사를 끝마치신 후였다.
(이때 '이미 ya'를 생략해도 문장이 갖는 의미는 같다)

Cuando fuimos al cine, nos dimos cuenta de que ya habíamos visto esa película.
극장에 갔을 때 우리는 그 영화를 이미 봤다는 것을 알게 되었다.

Marta no había finalizado la tarea cuando el profesor se la pidió.
Marta는 선생님께서 그녀에게 숙제를 요구하셨을 때 미처 숙제를 끝내지 못한 상태였다.

Antonieta ya había hablado con sus padres antes de hablar con los suegros.
Antonieta는 시부모님께 말씀 드리기 전에 친정 부모님과 이미 대화를 끝낸 상태였다.

Afortunadamente, cuando el incendio se produjo, todos se habían marchado ya.
다행스럽게도 화재가 발생했을 때는 이미 모든 사람들이 떠난 뒤였다.

¿Por qué no me dijiste nada si habías comprendido mi explicación?
너는 왜 내 설명을 이해했으면서 왜 나한테 말하지 않았니?

En la fiesta de Patricia encontré a una chica con quien ya había charlado en otra fiesta.
Patricia의 파티에서 나는 예전에 다른 파티에서 이미 대화를 나눈 적이 있는 여자를 만났다.

유용한 표현

■ **Ser pan comido:** 누워서 떡 먹기다 (= estar tirado, ser muy fácil)

예) Soy italiano y para mí aprender español es pan comido.

나는 이탈리아 사람이라서 스페인어를 배우는 것은 누워서 떡 먹기다.

■ **Pedir cuentas:** 해명을 요구하다 (= pedir una explicación)

예) Cometimos un error y los jefes nos pidieron cuentas por ello.

우리가 실수를 했고, 상사들은 우리에게 그 일에 대한 해명을 요구했다.

■ **Dar con ~:** ~을 발견하다 (= encontrar)

예) En seguida dieron con el resultado óptimo.

그들은 곧 최상의 결과를 발견했다.

연습문제

1. 다음을 스페인어로 표현하시오

1. 서울에 살 때 우리 가족은 가끔 조부모님을 찾아뵙기 위해서 시골에 가곤했다. 그때마다 할머니께서는 우리에게 맛있는 걸 만들어 주시곤 했다. 나는 그 시절이 그립다.

〈그립다 echar de menos, añorar, extrañar〉

2. 어제 Jesús가 인문관 앞 분수대에서 본 여학생은 조금 통통하기는 했지만 예쁘고 똑똑해 보였다. Jesús는 그녀에게 말을 걸고 싶었지만, 차마 용기가 나지 않았다. 그런데 오늘 그녀를 대학 본부에서 또 보았다. 그녀는 Jesús의 친구 Ricardo와 다정하게 대화를 나누고 있었다.

〈인문관 el Edificio de Humanidades / 본부 el Edificio Principal, la Sede Principal〉

3. 그제 아침 학교에 가려고 집에서 나섰을 때 옆집에 사는 노부부의 손녀 딸도 집을 나오고 있었다. 비가 억수같이 쏟아지고 있었는데 그녀는 우산을 가지고 있지 않았고, 비를 맞으며 걸었다. 그녀는 울고 있었다.

〈비가 억수같이 쏟아지다 llover a cántaros〉

4. 집에 돌아오고 있을 때 집 근처 정거장에서 유명한 여배우를 보았다. 그녀는 바바리코트를 입고 있었고 커다란 선글라스를 끼고 있었다. 나는 그 즉시 멈춰 서서 그녀를 뚫어지게 바라보았다. 정말 예뻤다.

〈바바리코트 la gabardina, el impermeable / 뚫어지게 fijamente〉

5. 선생님께서는 즉시 그 문제의 해답을 찾으셨고 학장님을 만나러 가셨다. 하지만 학장님께서 회의 중이셨기 때문에 두 시간 동안이나 학장님을 기다리셔야 했다.

〈학장 el decano〉

6. 그 스페인어 작문 과제는 너무 쉬웠다. 두 달 동안 쉬지 않고 단어를 외웠고 문법도 열심히 공부했기 때문이다. 게다가 스페인어과 교수님들의 설명은 늘 명쾌했다. 더 이상 뭘 바랄 수 있었겠는가?

〈쉬지않고 sin parar, sin descanso / 명쾌하다 claro〉

7. 이웃집 여자는 그날 마구 소리를 지르며 큰 소리로 울었다. 우리 식구는 무슨 일인지 도무지 알지 못했다. 도와주고 싶었지만, 어머니께서는 아버지를 나가지 못하게 하셨다. 남의 일에 참견해서는 안 된다고 하셨다.

〈마구 소리를 지르다 gritar como un loco / 도무지 en absoluto〉

8. Paco의 사촌누이는 아주 어렸을 때부터 마치 유명한 피아니스트인 것처럼 피아노치기를 좋아했다. 그녀가 피아노를 칠 때면 우리는 모두 숨을 죽이고 앉아서 그녀의 연주를 경청하곤 했다. 하늘에서 내려온 천사 같았다.

〈숨죽이다 retener el aliento〉

9. 선생님은 키가 크셨고 마르셨다. 그리고 말수가 적으셨다. 하지만 힘이 어찌나 세셨던지 아무도 그를 힘으로는 당해낼 사람이 없었다. 하지만 부인 앞에서는 너무나도 부드러운 남자였다.

10. 사촌은 그의 친구를 죽도록 증오했다. 그가 심각한 거짓말을 했기 때문에 그를 다시 보기도 싫어했다. 우연히 도심가의 쇼핑몰에서 마주쳤을 때 나의 사촌은 그를 완전히 무시했다. 나는 사촌의 그런 모습을 보고 많이 놀랐다.

〈죽도록 증오하다 aborrecer, odiar a muerte〉

11. A: 어제 왜 그렇게 서둘러서 집에 돌아갔어?

B: 가스렌지에 국을 올려놓고 왔다는 게 갑자기 기억이 났어.

A: 그래서 어떻게 됐어?

B: 딸아이가 집에 일찍 돌아왔다가 국이 끓는 걸 보고 불을 껐대.

A: 다행이다!

〈가스렌지 la cocina de gas〉

12. 오늘 오전에 학교에서 Elena를 만났을 때 그녀는 내게 문법 숙제를 지난주에 벌써 다 끝냈다고 자랑했다.

〈자랑하다 presumir de, jactarse de, ostentar de〉

13. 지난주에 우리 언니는 미국으로 떠나는 애인을 다시 한 번 봐야 한다고 서둘러서 공항에 갔지만, 언니가 공항에 도착했을 때 그는 보이지 않았다. 그가 탑승한 비행기는 이미 이륙을 한 상태였다.

〈서둘러서 apresuradamente / 이륙하다 despegar〉

14. 나는 그렇게 맛있는 스프를 한 번도 만들어 본 적이 없었다. 나는 스프 만드는 법조차 알지 못했다. 우리 가족은 내가 만든 그 스프를 먹어보고는 먹어본 중 최고의 스프라고 극찬했다.

〈극찬하다 elogiar, felicitar mucho〉

15. 권력 이양기 동안, 전 정권에 협조했던 기자들에게 그 누구도 해명을 요구하지 않았다.

〈이양기 el período de (la) transición〉

2. 다음 상황을 파악하고 우리말 부분을 스페인어로 옮기시오.

[왜 먹을 게 하나도 없는 거야?]

Marido: ¿Tú, qué andas haciendo todo el día?

Mujer: ¿Qué diablos te ocurre?

Marido: ¿Por qué no hay nada en casa para comer? ¿Eres ama de casa de verdad?

Mujer: ¡Bah, son tus hijos! El jueves pasado hice la compra. Anoche me di cuenta de que Mario y Paco se la habían comido toda ya el viernes. Es que vinieron después de jugar un partido y estaban muertos de hambre. 이제 Paco가 오니까 당신이 직접 물어보세요.

〈직접 tú mismo〉

아빠: Paco야, 금요일 날 축구는 잘 했니?

Paco: 네, 잘했어요. 우리가 이겼어요. 그래서 친구들이랑 집에 와서 파티 했어요. 그래서 엄마가 장보신 거 다 먹어치웠어요.

〈먹어치우다 comerse〉

엄마: 거봐요. 내 말이 맞잖아요. 너 숙제는 다 했어?

〈거봐요 ¿Lo ves?〉

Paco: 네, 금요일에 축구하러 갔을 때 전 이미 다 끝냈어요!

Tomar apuntes

SE의 용법

제9과

스페인어에는 다양한 종류의 se가 있다. 스페인어 문법을 배우는 초보자에게 가장 어렵게 느껴지는 것이 이 다양한 종류의 se를 이해하는 것이다. 개별적인 설명에 앞서 대략 몇 가지 종류의 se가 있는지 살펴보도록 하겠다.

대명사 se

1. 간접 목적격 대명사 le/les의 변형인 se
2. 재귀대명사 se
3. 대명동사의 se
4. 상호의 se
5. 수동의 se
6. 비인칭의 se
7. 무의지의 se
8. 이해의 se

1. 간접목적대명사 le / les의 변형인 se (→ 본 교재 4과 참고)

간접목적대명사 le / les가 직접목적대명사 3인칭(lo, la / los, las)과 함께 문장에 사용될 경우 발음상의 중복을 피하기 위해 le/les를 반드시 se로 변형한다.

Javier는 María에게 예쁜 장미꽃을 선물한다.

→ Javier regala una rosa bonita a María.

→ Javier le la regala.

→ Javier se la regala.

2. 재귀대명사 se (→ 본 교재 5과 참고).

앞서 5과에서 설명했듯이 재귀대명사는 '자기 자신'을 나타내는 대명사로 직접목적어 또는 간접목적어로 사용된다. 재귀대명사는 재귀동사를 변화시킬 때 반드시 동사 앞에 위치시키며 3인칭 단·복수 모두 se의 형태를 취한다.

예) levantarse

me levanto	nos levantamos
te levantas	os levantáis
se levanta	se levantan

Mi marido se acostó anoche muy tarde.

우리 남편은 어젯밤 아주 늦게 잠자리에 들었다.

3. 대명동사의 se

스페인어의 일부 동사는 반드시 대명사 se와 함께 사용된다. 이 동사들은 대부분 대명사(me, te, se, nos, os, se)없이는 의미를 갖지 못한다. 또한 이 동사들은 특정한 전치사와 사용되는 경우가 빈번하므로 '동사 + 전치사'와 함께 숙지하는 것이 필요하다.

acordarse de ~을 기억하다

acostumbrarse a ~에 익숙해지다

aficionarse a ~삼매경에 빠지다

apropiarse de 남의 것을 가로채다, 빼앗다, 횡령하다

arrepentirse de ~에 대해 후회하다

atreverse a 감히 ~하다

burlarse de ~을 놀리다

conformarse con ~에 대해 만족하다, 순응하다

darse cuenta de ~을 알다, 깨닫다

dignarse 기꺼이 ~하다, 흔쾌히 ~를 하다.

empeñarse en ~고집을 피우다

enamorarse de ~와 사랑에 빠지다

enemistarse por ~로 인해서 원수가 되다.

enterarse de ~을 알게되다, 알아 차리다

fijarse en ~에 주목하다

fugarse de ~도주하다 (= escaparse, huir)

jactarse de ~에 대해 우쭐거리며 뽐내다

interesarse por ~에 관심을 갖다

portarse ~행동하다 (= comportarse)

quejarse de ~에 대해 불평하다 (불만을 토로하다)

referirse a ~에 대해서 언급하다

reírse de ~을 비웃다

suicidarse 자살하다(비교: matar 죽이다, matarse 사고로 죽다)

Los políticos se apropian fácilmente de cosas ajenas.
정치인들은 남의 것을 쉽게 착복한다.

Simón Pedro se arrepintió profundamente de haber negado a Jesús.
시몬 베드로는 예수를 부인한 것을 깊이 후회했다.

Mi hija se atrevió a contestar al director de la escuela.
우리 딸아이가 교장 선생님께 감히 말대꾸를 했다.

Mi novio es poco ambicioso. Siempre se conforma con poca cosa.
나의 남자친구는 야심이 없다. 늘 작은 일에 만족한다.

Mi padre se ha empeñado en ir solo y sin un euro.
아버지께서는 땡전 한 푼 없이 혼자 가신다고 고집을 피우셨다.

Se enamoró de la prima de su mejor amigo.
그는 절친한 친구의 사촌과 사랑에 빠졌다.

Alfonso se enemistó con Ricardo por una mujer.
Alfonso는 여자 하나 때문에 Ricardo와 원수가 되었다.

Mi jefe siempre se jacta de su habilidad en los negocios.
나의 상사는 늘 자신의 사업수완을 자랑한다.

Sus amigos siempre se ríen de él.
그의 친구들은 늘 그를 비웃는다.

Marta se suicidó el mes pasado.
Marta는 지난달에 자살했다.

4. 상호의 se

상호의 se는 관계를 이루는 둘 이상의 대상 사이에서 이루어 지는 행위를 표현하는데 사용된다. 따라서 주어가 주로 복수의 형태이며 각각 그 상대에 대하여 서로서로 같은 행위를 할 경우에 동사 앞에 대명사 se를 넣어 사용한다. mutuamente, recíprocamente, uno a otro 등이 때때로 함께 쓰인다. Uno a otro는 대상의 성(性)과 수(數)에 따라 변화한다(una a otra / unos a otros 등). 또한 화자가 '그 사람과 저 사람' 이라고 구체적으로 표명할 경우에는 정관사(el uno al otro / la una a la otra)를 붙인다.

Alicia y Marcos se aman. Alicia와 Marco는 서로 사랑한다.
(Alicia는 Marcos를, Marcos는 Alicia를 각각 서로 사랑한다는 의미)

비교: Alicia y Marcos aman las obras de Picasso.
Alicia와 Marcos는 피카소의 작품을 사랑한다.
즉, Alicia와 Marcos는 서로를 사랑하는 것이 아니라 제 3의 대상인 Picasso의 작품을 사랑하는 것이다.

잠깐!

상호의 se는 상호간에 이루어지는 행위이기 때문에 주로 1·2·3 인칭 복수 nos, os, se가 사용된다.

Mi vecino y yo nos odiamos.

우리 이웃집 사람과 나는 서로 증오한다.

Tu hermano y tú tenéis que aprender a ayudaros mutuamente.

너와 네 동생(형)은 서로 돕는 법을 배워야 한다.

Romeo y Julieta se amaban profundamente.

로미오와 줄리엣은 서로를 깊이 사랑하고 있었다.

Enrique VIII y Ana Bolena se miraron fijamente y luego se besaron con gran pasión.

헨리 8세와 앤 불린은 서로를 뚫어지게 바라보다가 열렬히 키스했다.

Mario y Eva se escriben correos electrónicos desde que se conocieron en la conferencia.

Mario와 Eva는 학회에서 만난 뒤로 서로 이메일을 주고받는다.

La infanta Elena y Jaime de Marichalar están divorciados, pero siguen comunicándose por los hijos.

Infanta Elena와 Jaime de Marichalar는 이혼했지만 아이들 때문에 계속 연락은 하고 지낸다.

유용한 표현

- **Irse de la lengua:** 발설하다

예) El padre de María se fue de la lengua y desveló al policía el escondite de sus compañeros.

María의 아버지가 사실을 발설했고, 동료들의 은신처를 경찰에 알리고 말았다.

연습문제

1. 다음을 스페인어로 표현하시오

1. 나는 정말 많이 후회했다. 그래서 어머니께 용서를 구했지만, 어머니는 용서할 수 없다고 하셨다. 내가 발설해서는 안 되는 말을 했기 때문이다.
〈용서를 구하다 pedir perdón〉

2. Marta는 15세 소녀처럼 행동한다. 남편이 뭘 해도 늘 불평을 한다. 게다가 툭하면 그를 비웃는다. 우리는 Marta의 남편이 왜 그녀와 결혼했는지 이해할 수 없다.
〈뭘 해도 haga lo que haga / 툭하면 con facilidad, con frecuencia〉

3. 정신이 나간거야? 어떻게 감히 당신이 나한테 그런 말을 할 수 있어? 그렇게 우쭐대고 나니까 속이 후련해? 당신이 아빠의 전 재산을 가로챘기 때문에 우리 아빠는 자살을 시도하셨어. 아직도 우리를 비웃는 거야?

〈감히 ~하다 atreverse a / 후련하다 sentirse bien, sentirse satisfecho / 가로채다 apropiarse, hacerse dueño de / 아직도 ~하다 todavía seguir +현재분사〉

4. 다문화 가정에 대해서 언급하실 때마다 선생님은 학생들에게 조화로운 다문화 사회의 정착을 위해서 당국은 이해와 소통의 기회를 마련해야 한다고 강조하신다.

〈~할 때마다 cada vez que / 정착하다 asentarse, establecerse, radicarse, arraigarse〉

5. 이웃 집 아저씨가 교도소에 가게 된 이유는 한 여자로 인해서 절친했던 친구와 원수가 되었고 결국 친구를 살해하게까지 됐기 때문이라고 한다. 여자는 그 친구 없이 살 수 없다며 식음을 전폐했고, 결국 6개월 뒤 차사고로 죽었다.

〈원수가 되다 enemistarse / ~하기에 이르다 llegar a〉

6. A: 중남미 전역에서는 식사 후에 감사의 뜻으로 웨이터에게 팁을 준다.
B: 진짜? 한국에서는 웨이터에게 팁을 준다는 것은 흔한 일은 아니야.

〈흔하다 ser algo corriente, ser algo habitual〉

7. A: 여자 친구랑 곧 100일인데 어떤 선물이 최고의 선물이 될까?
B: 일반적으로 꽃이나 향수를 선물하지 않니?
A: 그래? 내가 뭔가를 준비하고 있는 것을 눈치 챈 것 같아.
〈향수 el perfume / 눈치를 채다 percatarse de〉

8. A: Julián에게 우리 사진 어떻게 보낼 거니?
B: 지금 쓰는 이메일에 사진을 첨부해서 그에게 보낼게.
〈첨부하다 adjuntar / 첨부파일 el archivo adjunto〉

9. A: 이 가게 연어가 끝내줘.

B: 맞습니다. 손님 분들께 그건 제가 보장해드립니다.

〈연어 el salmón / 보장하다 garantizar〉

10. A: 요즘 Miguel과 Luisa가 왜 매일 지각하니?

B: 밤늦게까지 서로 채팅하느라 매일 늦게 잠자리에 들거든요.

〈채팅하다 chatear〉

11. A: 어떻게 된 일이니?

B: 두 소년들은 안경을 벗더니 서로 따귀를 때리기 시작했어요.

〈따귀를 때리다 abofetear〉

12. 정치인들은 항상 서로를 비판하는 데 익숙해서 서로 화해하는 법을 모른다.

〈화해하다 reconciliarse〉

13. A: Felipe와 내 친구 Lidia는 서로 말을 놓는데, Felipe는 나한테는 말을 놓지 않는다.
B: 그건 너를 안지 얼마 안돼서 어색해서 그런 거야.
〈말을 놓다 tutear / 어색하다 sentirse incómodo〉

14. A: 자석의 같은 극은 서로 밀쳐낸다.
B: 꼭 나와 내 아내 같군.
〈자석의 극 el polo de imán / 밀어내다 repeler〉

15. A: 여자들은 왜 서로 머리채를 잡고 손톱으로 할퀴고 싸울까?

B: 남자들도 서로 멱살부터 잡고 죽도록 싸우잖아?

〈머리채를 잡다 agarrar de/por los pelos / 손톱으로 할퀴다 arañar con las uñas / 멱살을 잡다 agarrar por el cuello / 죽도록 싸우다 pelear a muerte〉

5. 수동의 se

스페인어에서 수동태를 나타내는 방법은 다음의 세 가지가 있다.

1) 재귀수동문(수동의 se 사용)
2) 동작을 받는 주체(피동주) + ser + 과거분사 + por + 동작을 하는 주체(행동주)
3) Estar + 과거분사(상태 수동)

Se cerró la puerta.
문이 닫혔다.

(행동주: 명시되지 않음 / 대상: 사물(문) / 닫히는 동작)

La puerta fue cerrada por Carlos.
문은 Carlos에 의해 닫혔다.

(행동주: Carlos / 대상: 사물(문) / 닫히는 동작)

La puerta estaba cerrada.
문은 닫혀있었다.

(행동주: 명시되지 않음 / 대상: 사물(문) / 닫힌 상태)

영어에서는 2)의 경우가 많이 사용되는 반면, 스페인어에서는 1)이 많이 사용된다. 수동의 se의 구조에서는 수동태 구문과는 달리 행동주가 명시되지 않는다. 또한 동사는 피동주의 수에 일치한다. 피동주를 동사 뒤에 놓는 경우가 일반적이다.

Se necesitan dos actrices rubias.
금발의 여배우가 두 명 필요하다.

Don Quijote se publicó en 1605.
돈키호테는 1605년에 발표되었다.
(이 경우 저자가 누구인가는 관심사가 아니다. 중요한 것은 발표 시기이다)

En Madrid, los domingos se venden flores en la Plaza Mayor.
마드리드에서는 일요일마다 마요르 광장에서 꽃을 판다.
(이 경우 판매자가 누구인가는 관심사가 아니다. 중요한 것은 판매 장소와 판매 대상이다)

잠깐!

수동의 se는 반드시 타동사와 함께 쓰인다.
En una semana se solucionaron todos los problemas gracias a su ayuda.
그의 도움으로 일주일 만에 모든 문제가 다 해결되었다.

6. 비인칭의 se

문장의 주어를 확실하게 명시하지 않고 막연하게 누군가(alguien, uno, las personas)가 '(일반적으로) ~하다'라는 의미를 나타내고자 할 때 대명사 3인칭 se를 사용하여 se 비인칭 구문을 형성한다. 앞서 공부한 수동의 se는 타동사만을 허용하고 단수와 복수가 모두 가능한 반면, 비인칭의 se는 타동사와 자동사 모두 허용하며, 단수로만 쓰인다. Se 비인칭 구문은 다음과 같이 분류된다.

1) Se + 자동사 3인칭 단수 + 부사(혹은 다른 동사 보어)

En este restaurante se come bien.
이 레스토랑에서는 맛있게 먹을 수 있다.

En ese lugar no se puede pagar con tarjeta de crédito.

그 곳에서는 신용카드로 지불할 수 없다.

En Puerto Rico nunca se llega temprano a una fiesta.

Puerto Rico에서는 일반적으로 파티에 일찍 도착하는 일이 없다.

No se puede fumar en este restaurante.

이 레스토랑에서는 담배를 피울 수 없다.

2) Se + 타동사 3인칭 단수 + 직접목적어(사물)

Se habla español en Colombia.

콜롬비아에서는 스페인어를 사용한다.

3) Se + 타동사 3인칭 단수 + 직접목적어(사람: 일반적으로 특정한 사람이므로 전치사 a가 동반된다)

Se mató a los inocentes.

무고한 사람들을 죽였다.

Se criticó fuertemente al encargado de ese asunto.

그 일의 담당자를 심하게 비난했다.

4) Se + 타동사 3인칭 단수 + 종속명사절

Se dice que todos los aviones de Iberia son grandes.
이베리아 항공사의 비행기는 모두 크다고 한다.

Se comenta que los pilotos de KAL tienen mucha experiencia.
대한항공 소속 파일럿들은 경험이 많다고 한다.

잠깐!

비인칭의 se의 구문에서 se를 생략하고, 그 대신 무인칭 주어 uno / la gente / todo el mundo등을 사용하거나 동사를 3인칭 복수로 대체할 수 있다. 단지 무인칭의 se는 다른 형태에 비해 '불특정다수'라는 의미가 강하다.

예) En toda Asia se consume mucho arroz.
아시아 전 지역에서 쌀을 많이 소비한다.
En toda Asia la gente (uno) consume mucho arroz.
En toda Asia consumen mucho arroz.

Se dice que el director va a dimitir mañana.
내일 원장이 사임한다고 한다.
Todo el mundo dice que el director va a dimitir mañana.
Dicen que el director va a dimitir mañana.

7. 무의지의 se

무의지의 se는 동작이 자신의 의지와는 무관하게 이루어질 때 사용하는 표현이다.

Se te ha caído un botón.
(네게) 단추가 떨어졌다.

¿No se te ocurre algo mejor?
(네게) 더 좋은 생각은 떠오르지 않니?

¿Qué se te ha perdido?
(네게) 뭐가 없어졌니? (=뭘 잃어버렸니?)

A mi madre se le ha roto el brazo izquierdo.
우리 어머니의 왼쪽 팔이 골절되었다.

Se me olvidó traer la llave de casa.
집 열쇠를 가져온다는 걸 깜빡했다.

Se me cayó al agua el móvil y se le metió agua a la pantalla.
내 휴대폰이 물에 빠졌고, 그래서 화면에 물이 들어갔다.

8. 이해의 se

이해의 se는 대략적으로 세 가지 종류가 있다.
1) se의 사용 여부와는 상관없이 의미가 동일한 경우
2) se의 사용여부에 따라 동사의 의미가 강조되는 경우
3) se의 사용으로 의미가 변하는 경우

1) se의 사용 여부와는 상관없이 의미가 동일한 경우

Al oír la noticia, se quedó pálida.
Al oír la noticia, quedó pálida.
그녀는 소식을 듣고 창백해졌다.

2) se의 사용여부에 따라 동사의 의미가 강조되는 경우

¡Estate quieto!

가만히 좀 있어라!

Leyó el libro sin rechistar.

Se leyó el libro sin rechistar.

찍소리도 않고 책을 읽었다.

García Lorca murió a edad temprana.

García Lorca se murió a edad temprana.

García Lorca는 요절했다.

3) se의 사용으로 의미가 변하는 경우

dormir 자다 / dormirse 잠들다

Natalia durmió como un tronco toda la noche.

Natalia는 밤새 푹 잘 잤다.

Natalia se durmió al comienzo de la clase de español.

Natalia는 스페인어 수업 시간에 스르륵 잠들었다. (se: 생략 불가능)

ir 가다 / irse 가버리다, 떠나다

Olivia fue a Madrid.

Olivia는 마드리드에 갔다.

Olivia se fue a Madrid.

Olivia는 마드리드로 가버렸다. (se 생략 가능)

Olivia se fue de Madrid.

Olivia는 마드리드를 떠났다. (se 생략 불가능)

유용한 표현

- **¡Qué vamos a hacer contigo!:** 널 도대체 어떻게 해야 하는 거냐?

  예) Siempre gastas todo el dinero que te damos y nos vienes a pedir más y más. ¿No se te ocurre ahorrar algo? ¡Dios mío! ¡Qué vamos a hacer contigo!

  너는 돈을 주는 족족 다 써버리고 나서는, 늘 더 달라고만 하는 구나. 돈을 모아야 한다는 생각은 안 드니? 아이고, 하나님 맙소사! 대체 널 어떻게 해야 하는 거니?

- **Sin rechistar:** 불평하지 않고, 찍소리도 않고

  예) Rocío lo terminó sin rechistar porque su jefe estaba muy enfadado con ella.

  Rocío는 상사가 본인에게 화가 많이 나있었기 때문에 찍소리도 않고 그 일을 끝냈다.

- **A rajatabla:** 철저하게, 있는 그대로

  예) Esta vez voy a seguir la dieta a rajatabla.

  이번만큼은 철저하게 식이요법을 따르겠다.

연습문제

1. 다음을 스페인어로 표현하시오

▶ 음영을 준 부분에 유의하여 스페인어로 표현하시오

1. 아시아에서 쌀밥과 채소를 많이 먹는 반면, 유럽에서는 고기와 빵을 많이 먹는다. 나는 지금 유럽에서 거주하지만 주로 한국 음식을 만들고 요리법을 철저히 따르려고 한다.

〈반면 mientras que〉

2. 와인 문화권과는 달리 한국에서는 주로 밤에 술을 마신다. 이유는 간단하다. 대낮에 술을 마시면 사람들이 이상하게 보기 때문이다. 게다가 정상적인 사람은 낮에 일을 해야 하고, 근무시간에 술을 마신다는 것은 잘못된 것이다.

〈문화권 el área cultural / 대낮에 de día〉

3. 이 주차장은 일반적으로 오전 7시부터 오후 10시까지만 무료로 주차를 하실 수 있습니다. 주말에는 주차가 불가능합니다.

4. 칠레는 살기 좋은 나라입니다. 칠레 사람들은 연휴만 되면 모두 여행을 떠납니다. 돈을 얼마나 많이 버는지는 모르겠지만, 그들은 늘 여유 있는 삶을 사는 것 같습니다. 그들이 얼마나 부러운지 모르겠습니다.

〈여유 있는 삶 una vida holgada, una vida con desahogo / 얼마나 cuánto / 부러워하다 sentir envidia, tener envidia〉

5. 이 집이 마음에 듭니다. 아침이면 새가 지저귀는 소리가 들리고 오후에는 선선한 바람이 불어옵니다. 덥지도 춥지도 않을 뿐 더러 잔잔한 음악을 들으며 책을 읽다보면 깜빡 잠이 들기도 합니다.

〈잔잔한 lento, tranquilo〉

6. A: 모레가 할아버지 백수(白壽: 99번째 생신)인데 좋은 아이디어가 떠오르니?
   B: 글쎄. 생각이 전혀 떠오르지 않네!
   A: 할아버지께 스마트 폰을 하나 선물해 드리는 거 어때? 지난주에 휴대폰을 물에 빠뜨리셨잖아.
   B: 그래, 그럼 최신 스마트 폰으로 하나 선물해 드리도록 하자.
   〈아이디어(생각)가 떠오르다 ocurrírsele algo a alguien〉

7. A: 왜 그래? 무슨 일 있어?
   B: 간밤에 Chichi가 죽었어.
   A: Chichi가 죽다니, 무슨 일이야?
   B: 밥그릇에 담겨있던 우유를 다 먹어치우더니 죽어버렸어.

8. A: 왜 늘 칠칠맞게 뭘 분실하고 다니니? 오늘은 또 뭘 잃어버렸냐?
B: 항공권을 분실했어. 가방에 넣는다는 걸 깜빡했어.
두 시간 안에 공항에 가야하는데 말이지.
A: 대체 너라는 인간을 어떻게 해야 하니!
〈칠칠맞은 despistado〉

9. A: 어머니, 아버지 왼쪽 팔이 왜 골절되었나요?
B: 운동하시다 그렇게 됐구나.
A: 많이 불편하지 않으시데요? 좋은 파스가 있는데, 깜박하고 가져오질 못했어요. 내일 아버지께 꼭 가져다 드려야겠어요.
〈골절되다 fracturarse / 파스 el parche〉

10. A: 왜 나는 늘 선생님 앞에 있으면 딸꾹질이 나오는 걸까요?
    B: 긴장하기 때문이야.
    A: 선생님 앞에서 긴장하지 않을 수도 있나요?
    B: 너무 걱정하지 마. 내가 네 나이 땐 마음에 드는 여학생 앞에만 가도 얼굴이 빨개지고 말도 잘 못했어. 그래도 그 여학생은 나한테 반해서 결국 우리는 결혼을 했단다.
    〈딸꾹질하다 tener hipo, dar hipo / 긴장하다 ponerse tenso〉

11. Paula 아주머니가 파는 감자 또르티야도 맛있지만, 나는 저곳에서 파는 감자 또르티야가 더 맛있어요. 그래서 갈 때마다 한 번에 몇 개씩 먹곤 해요.

12. 2004년 한국과 칠레 양국 사이에 처음으로 FTA가 체결된 후로, 칠레산 포도가 한국의 대형 마트에서 싼 값에 팔리고 있고 칠레에서는 한국의 자동차들이 그 전과는 비교도 안될 만큼 더 많이 팔리고 있습니다.

〈체결하다 concertar, firmar / 비교도 안 되게 de un modo incomparable〉

13. A: 오늘 밤에 아주 중요한 축구 경기가 있어. 예매를 깜빡했기 때문에 지금 당장 가서 표를 구해야 돼.

B: 그래봐야 헛수고야, 이미 다 팔렸다니까, 시원한 맥주나 사서 집에 가서 봐.

〈당장 ahora mismo / 헛수고 이다 ser en vano〉

14. Franco 독재 치하에서는 표현의 자유가 제한되었다. 그래서 많은 지식인과 문인들이 자신의 의견을 표출했다는 이유로 죽임을 당하거나 망명을 떠났다. Lorca는 한 밤 중에 끌려가서 총살당했다고 한다.

★ Federico García Lorca (1998-1936): 스페인의 시인이자 극작가. 시작으로는 『집시가집*Romancero gitano*』(1928), 『뉴욕의 시인*Poeta en Nueva York*』(1930) 등이 있고, 극작으로는 『피의 혼례*Bodas de Sangre*』, 『예르마*Yerma*』, 『베르나르다 알바의 집*La casa de Bernarda Alba*』(1936) 등이 있다. 1936년 스페인 전쟁 발발로 프랑코 측에 의하여 사살되었다.

〈제한하다 restringir, limitar / 문인들 los escritores, los literatos / 망명하다 exiliarse / 총살하다 fusilar〉

15. '봉사', '귀머거리', '벙어리', '절름발이', '비정상인', '장애자'와 같은 비하어는 '장애인'라는 단어로 대체돼야 한다. 마찬가지로 '호모'라는 말 대신에 '성적 소수자'라는 용어를 사용한다. 우리는 이들의 인권도 존중해야만 할 것이다.

〈비하어 las expresiones despectivas, palabras peyorativas / 대체하다 sustituir / 인권 los derechos humanos〉

직설법 미래·미래완료·가정미래·가정미래 완료

제10과

미래

미래 형태는 동사원형에 미래 어미 활용형(é, ás, á, emos, éis, án)을 붙인다.

girar (돌다)	ver (보다)	permitir (허용하다)
giraré	veré	permitiré
girarás	verás	permitirás
girará	verá	permitirá
giraremos	veremos	permitiremos
giraréis	veréis	permitiréis
girarán	verán	permitirán

미래 시제 불규칙 유형:

1) -e- 탈락: caber → cabré, cabrás, cabrá, cabremos, cabréis, cabrán

haber → habré

poder → podré

saber → sabré

querer → querré

2) -e-/-i- → -d-: poner → pondré, pondrás, pondrá, pondremos, pondréis, pondrán

tener → tendré

valer → valdré

salir → saldré

venir → vendré

3) 기타: decir → diré, dirás, dirá, diremos, diréis, dirán

hacer → haré, harás, hará, haremos, haréis, harán

직설법 미래의 용법:

1) 미래에 일어날 사건을 나타낸다.

Mañana lloverá a cántaros.

내일은 비가 억수같이 쏟아질 것이다.

Volveremos el próximo domingo.

우리는 다음 주 일요일에 다시 오겠습니다.

2) 현재 사실에 대한 추측할 때 쓰인다.

Mi esposa estará en casa ahora.
내 부인은 지금 집에 있을 것이다.

No estoy segura, pero tendrá unos 21 años.
확실치는 않지만 아마도 21살쯤일 것이다.

3) 완곡한 표현을 나타낼 수 있다

¿Querrá usted saber todo esto?
당신은 이 모든 것들을 알고 싶으신 건가요?

4) 명령의 표현으로도 쓰일 수 있다.

Estudiaréis, chicos.
얘들아, 공부해라.

¡No matarás!
죽이지 마라!

잠깐!

'ir a + inf.'는 미래 시제 대신 쓰이며, 가까운 미래에 일어날 사건에 대한 계획 혹은 의도를 나타낸다.

A: ¿Qué vas a hacer este verano? 이번 여름에 무엇을 할 거니?
B: Voy a salir del país. 외국에 갈 계획이야.

미래완료

미래완료의 형태는 'haber 동사의 미래형 + 과거분사'이다.

separar (분리하다)	comprender (이해하다)	ir (가다)
habré habrás habrá habremos habréis habrán } separado	habré habrás habrá habremos habréis habrán } comprendido	habré habrás habrá habremos habréis habrán } ido

미래완료의 용법:

1) 미래의 어느 시점을 기준으로 그 전까지 완료될 사건, 상황을 나타낸다.

Habré terminado todo este proyecto para finales de agosto.
나는 8월 말에는 모든 프로젝트를 다 끝내놓았을 것이다.

Pasado mañana habréis llegado a Cancún.
내일 모레 여러분들은 Cancún에 도착해 있으실 겁니다.

2) 현재완료로 표현된, 즉 이미 완료된 사실, 상황, 사건에 대한 추측을 할 때에도 사용된다.

¿Lo habrás traído?
그거 가져왔겠지?

- No, lo siento, pero no lo he traído. Me lo he olvidado.

아니, 미안해. 가져오지 못했어. 깜빡했어.

유용한 표현

■ **Tener entre ceja y ceja a alguien (= Tener entre ojos a alguien):** 주시하다

예) El jefe me tiene entre ceja y ceja y no deja de criticarme en todo lo que hago.

상사가 나를 주시하며 계속해서 내가 하는 모든 일을 비난한다.

■ **Dar algo por sentado(a):** 기정사실화 하다

예) Marta presume tanto de su hijo que últimamente habla dando por sentada su boda con la hija mayor del presidente.

Marta는 아들 자랑을 어찌나 하는지 최근에는 대통령 딸과의 결혼이 기정사실화된 것처럼 말하고 다닌다.

■ **Al máximo:** 최대로

예) ¿Cuál es el modo más eficaz de llevar al máximo el liderazgo del hombre en el hogar?

가정에서 남자의 리더십을 최대한 발휘할 가장 효과적인 방법이 무엇인가?

연습문제

1. 다음을 스페인어로 표현하시오

1. Cándido와 Mina는 내년에 결혼한다고 한다. 문제가 있을 거다. 왜냐하면 신부는 한국에서 결혼을 하고 싶어 할 테고, 신랑은 과테말라에서 결혼을 하고 싶어 할 테니 말이다. 과연 어디에서 결혼하게 될까?

2. 아르헨티나는 지금 밤 10시 쯤 되었을 텐데, 교수님께서는 벌써 댁에 도착하셨을까? 아니야, 아직 공항에 계시겠다.

3. A: Mina가 스페인어-스페인어 사전 구한다던데, 이미 샀겠지?
B: 아니, 어제 스페인 가는 친구한테 부탁했대. 그 친구 6월에 돌아온대.
A: 6월? 지금은 2월이잖아. 다음 달에 Juan이 멕시코에서 귀국할 텐데.
B: 아 그래? 그럼 Mina한테 말해줄게.
A: Mina가 스페인어로 Juan에게 편지를 쓸 수 있을까? 아직 어려울 텐데.
B: 그렇지? 그럼 네가 Juan에게 부탁해봐. 그럴 거지?
A: 알았어. 그렇게 할게.

4. A: 이 작업을 끝내는데 얼마나 걸리겠습니까?
B: 1시간 안에 작업을 끝내 놓겠습니다.

5. 5년 후 나는 무엇이 되어 있을까? 내 미래는 어떻게 될까? 최소한 5년 뒤 나는 대학은 졸업했을 것이다. 그러니 그 전에 실컷 놀아야겠다.

〈실컷 놀다 divertirse a sus anchas〉

6. 곧 추석이다. 이번에도 집까지 가는데 교통체증으로 한 5시간 넘게 걸릴 것이다. 생각만 해도 끔직하다. 명절이면 기차표도 비쌀 거고, 선물을 사려면 지출도 꽤 될 것이다. 그렇지만 부모님께서 기뻐하실 테니, 힘들어도 꼭 집에 가야겠다.

〈추석 Chuseok, la Fiesta de la Cosecha / 교통체증 el atasco, haber mucho tráfico〉

7. A: 여자 친구가 떠났다. 다시 그녀를 볼 수 있을까? 다시 누군가를 사랑할 수 있을까?
   B: 걱정 마. 한 달만 지나면 모두 다 잊고 새로운 사랑으로 기뻐할걸?

8. 이번 크리스마스에는 눈이 내릴까? 그때쯤이면 태국에서 내 친구가 서울에 올 텐데. 그 친구는 눈을 보고 싶어 할 거야. 한 달을 이곳에서 머물 테니, 떠나기 전에는 눈을 볼 수 있겠지.
〈태국 Tailandia / 눈 la nieve〉

9. A: 선생님께서는 몇 시에 오시니?
B: 8시요. 왜요?
A: 시장하실 테니, 맛있는 감자 크로켓을 만들어 놓을까 해서. 기름진 음식을 싫어하시려나? 과일을 좀 사다 놓을까?

〈감자 크로켓 las croquetas de papas / 기름진 grasiento〉

10. A: 투표하러 갈거니?
B: 물론이지. 투표는 우리의 권리잖아. 더욱이 대학생이 되어 처음으로 투표하는 것이니 반드시 가야지.
A: 누가 당선될까?
B: 그거야 알 수 없지. 아참, 너도 투표 끝나고 클럽갈래? 아마 Marisol도 올 거야.

11. A: 아버지, 아버지께는 제 여자 친구가 최고가 아닐 수도 있습니다. 하지만 저에게는 최고의 여자라고는 말씀드릴 수 있습니다. 다음 주에 데려오겠습니다.

B: 필요 없다. 나는 그 아이를 보지 않겠다.

A: 그러시다면, 전 이 집을 떠나겠습니다. 저는 이 여자 없이는 못 살 것 같습니다.

B: 못난 놈! 후회하게 될 것이다!

〈못난 놈 ser un imbécil〉

12. A: 학과장님 어디 가셨어?

B: 지금 안계십니다. 24시간 후면 미국 Austin에 도착하실 겁니다. 그곳에서 학회에 참석하시고, 20일쯤 귀국하실 겁니다.

A: 20일이면 내가 한국에 없을 텐데. 내가 학과장님과 직접 통화하도록 하지.

〈학회 la conferencia / ~와 통화하다 comunicarse con~〉

13. 요즈음 엄마가 나를 주시하고 계셔. 내가 공부를 안 한다고 하지만 중간고사가 끝나면 엄마는 다 아시게 될 거야. 내가 공부를 얼마나 열심히 했는지를 말이야.

14. A: 지난번에 책 반납했니?

B: 아니.

A: 그럼 대출기한은 연장했겠지?

B: 아니, 그것도 안 했는데.

A: 그런 경우 벌금을 물어야 하는데 도서관은 이미 닫혔을 거야. 지금 반납이 불가능할 걸?

B: 정말? 수위 아저씨 안 계실까? 이 책 꼭 오늘 반납해야하는데!

〈대출기한 el plazo del préstamo / 연장하다 prolongar〉

15. 10년 뒤에 우리들은 어디에 있을까? 나는 여행을 좋아하니까 중남미 대륙 어디쯤에 있을 것이고, 너는 아이들을 예뻐하니 애 엄마가 되어 있겠지? Felipe는 부자가 되고 싶어 하니 열심히 돈을 벌고 있을 거야. Jesús는 공부를 좋아하니 교수님이 되어 있겠지? 너희들 그 때까지 날 기억해야해!

2. 다음 상황을 파악하고 스페인어의 알맞은 문장으로 옮기시오.

[노래 공연]

A: ¡Oiga!

B: ¡Dígame!

A: Somos la Tuna del Departamento de Español. Queríamos alquilar una sala para un certamen y saber si está disponible la sala principal para el día 30 de este mes.

B: Déjenme comprobarlo. Pero díganme, ¿a qué hora será el evento?

A: Será sobre las siete.

B: Para las seis de la tarde en dicha sala se habrá terminado un acto. ¿Podrán hacer los preparativos del certamen en menos de una hora?

A: No, es imposible.

B: 그렇다면 소강당을 사용하실 수 있으실 것 같습니다. 소강당 행사는 5시면 끝날 겁니다.

A: 좋습니다. 저희들은 약 150여명을 초대했기 때문에 못 와도 100명은 올 것입니다. 소강당에는 100명이 들어갈까요?

B: 아, 죄송합니다. 소강당은 최대 70명 정도밖에는 수용하지 못합니다.

〈수용하다 caber, tener capacidad de acoger〉

A: 다른 홀은 없을까요?

B: 노천극장은 어떠세요? 30일 오후 3시 이후에는 아무 때나 사용하실 수 있으실 겁니다. 원하시면 담당자에게 말해놓겠습니다.

〈노천극장 el anfiteatro〉

A: 아, 감사합니다! 그럼 그렇게 하겠습니다.

직설법 가정미래

가정미래의 형태는 동사원형에 가정미래 어미 활용형(-ía, -ías, -ía, -íamos, -íais, -ían)을 붙인다.

pensar (생각하다)	perder (분실하다)	pedir (요청하다)
pensaría	perdería	pediría
pensarías	perderías	pedirías
pensaría	perdería	pediría
pensaríamos	perderíamos	pediríamos
pensaríais	perderíais	pediríais
pensarían	perderían	pedirían

가정미래 불규칙 유형: 단순미래와 같은 불규칙 동사의 어근에 가정미래 어미 활용형을 붙인다.

caber: cabré (단순미래) → cabría (가정미래)

salir: saldré (단순미래) → saldría (가정미래)

decir: diré (단순미래) → diría (가정미래)

가정미래의 용법:

1) 과거의 어느 시점에서 본 미래를 나타낸다. 이런 경우 종속절에서 사용되어 주절이 과거이고 종속절의 내용이 과거에서 본 미래를 나타낼 때 쓰인다. 이 경우 직설법 불완료 과거도 사용될 수 있다.

Mario dijo que sus padres volverían dentro de una semana.
Mario는 그의 부모님께서 일주일내에 돌아오실 것이라고 말했다.

Yo creía que mi primo se casaría muy joven, pero todavía es soltero.
나는 내 사촌이 젊은 나이에 결혼하리라 생각했었는데 아직도 미혼이야.

2) 현실상황과는 다른 상황에 대한 바람을 나타낸다.

Estaríamos mucho mejor con el aire acondicionado.
에어컨이 있으면 우리가 훨씬 더 좋을 텐데.

¡Me encantaría ir a ese baile de disfraces!
나는 그 가장 무도회에 간다면 너무 좋을 것 같아!

3) 과거 어느 시점에 일어난 사건, 사실을 추측할 때 사용한다.

¿A qué hora llegaría tu hermana anoche?
네 누나가 어젯밤에 몇 시에 도착했을까?

¿Qué harían en la oficina a esas horas de la noche?
그 밤에 사무실에 뭘 하고 있었던 걸까?

¡No seas malpensada! ¡Estarían trabajando comiendo unas pizzas!
나쁜 생각 하지 마!! 피자 먹으면서 일하고 있었을 거야.

4) 정중하고 부드러운 어투로 표현할 때 사용된다.

¿Me podría traer un vaso de agua, por favor? (부드러운 요청)
제게 물 한 잔만 가져다주시겠어요?

¿Querría venir el domingo que viene con nosotros? (정중한 초청)
일요일에 저희랑 같이 가실래요?

Deberías ir a ver a un médico. (완곡한 조언)
병원에 가야 할 것 같구나.

잠깐!

똑같은 내용의 문장이 가정미래, 미래, 명령법 및 현재시제를 사용하였을 때 각각 어떤 어감을 내포하는지 살펴보자. 모든 경우를 일괄적으로 똑같이 이해해서는 안 된다. 늘 특정한 문맥 속에서 이해해야 한다.

¿Me traerías un vaso de agua? (가정미래)
물 한 잔 가져다주실래요? → 정중하고 부드러운 표현
Me traerás un vaso de agua. (미래) 물 한 잔 가져와! → 명령
Tráeme un vaso de agua. (명령법) 물 한 잔 가져와라! → 명령
¿Me traes un vaso de agua? (현재)
물 한 잔 가져 다 줄래? → 완곡한 명령 (요청)
¿Lo haríais con gusto, verdad?
너희들 그 일 기쁜 마음으로 해 줄 거지? → 정중하고 부드러운 표현
¡Lo haréis con gusto! 그 일 기쁜 마음으로 해야 해! → 명령
¡Hacedlo con gusto! 그 일 기쁜 마음으로 하도록 해라! → 명령
Lo hacéis con gusto. 그 일 기쁜 마음으로 해 주렴! → 완곡한 명령

가정미래 완료

가정미래 완료의 형태는 'haber 동사의 가정미래 + 과거분사'이다.

llegar (도착하다)		leer (읽다)		compartir (공유하다)	
habría habrías habría habríamos habríais habrían	llegado	habría habrías habría habríamos habríais habrían	leído	habría habrías habría habríamos habríais habrían	compartido

가정미래 완료의 용법:

1) 가정미래 완료는 과거에서 본 미래완료를 나타낼 때 사용하는데, 과거에서 바라본 미래의 한 시점(가정미래로 표현)을 기준으로 어떤 사건이나 상황이 그 이전에 이미 완료되었을 수 있음을 나타낸다.

Dijeron que dentro de treinta años ya habrían descubierto una cura contra esta enfermedad y gracias a ella nadie más la sufriría.
30년 내에 이 병에 대한 치료법 개발이 이미 끝나서, 그 누구도 더 이상 그 병으로 고통 받지 않을 것이라고 말했다.

Mi padre dijo que dentro de veinte años ya habría ganado lo suficiente como para retirarse y no trabajaría más.
우리 아버지께서는 20년 후에 퇴직하셔도 될 만큼 돈을 벌어 놓으셔서 더 이상 일을 안 하셔도 될 것이라고 말씀하셨다.

2) 과거의 어떤 행위나 상황이 완료되었으리라고 추측할 때 사용한다.

¿Se le habría pasado el enfado cuando le llamé?
내가 전화했을 때 그는 화가 풀렸을까요?

¿Álvaro le habría entregado la carta a tu cuñada cuando se encontró con ella?

Álvaro가 네 올케를 만났을 때 그녀에게 편지를 건네주었을까?

3) 과거사실에 반대되는 가정문에서 귀결문에서 사용된다. (가정문 참고)

Si no hubiera ido allí ese día, no habría perdido el bolso.

내가 그날 거기에 가지 않았더라면, 지갑을 잃어버리진 않았을 텐데.

Si Alfredo hubiera estudiado un poco más, habría pasado el examen.

Alfredo가 공부를 조금만 더 했더라면 시험을 통과했을 텐데.

유용한 표현

- **Echar chispas:** 매우 화내다

  예) Irene echaba chispas cuando vio a su novio con otra chica.

  Irene는 남자 친구가 다른 여자와 있는 것을 보았을 때 격노했다.

- **Andarse por las ramas:** 빙빙 돌려 말하다 (↔ ir al grano 본론(핵심)에 들어가다)

  예) Cuando explicas algo, vete al grano y no te andes por las ramas.

  네가 뭘 설명할 때는 돌려 말하지 말고 핵심을 이야기 해.

- **Hacer la vista gorda:** 못 본척하다

  예) Patricia vio que un compañero de clase copiaba, pero hizo la vista gorda.

  Patricia는 다른 학우가 커닝을 하는 것을 보았지만, 못 본 적 했다.

연습문제

1. 다음을 스페인어로 표현하시오

1. A: 어젯밤에 네 동생이 어디서 무엇을 했기에 오늘 저렇게 하루 종일 자는 거니?
   B: 극장에 갔을 거에요.
   A: 뭘 보았기에 저러는 걸까?
   B: 늘 그러듯 로맨틱 코미디 영화를 한 편 봤겠죠.
   〈늘 그러듯 como siempre〉

2. Débora가 작문에서 C+을 받았을 때 그의 엄마는 무척 화를 내셨다. 작문에서 A나 A+을 받는 게 엄마의 소원일 것이다.

3. Daniel은 길에서 그의 친구 Mauricio를 보았지만 못본척 했다. 그와 어제 심하게 싸워서 말을 걸기가 싫었을 것이다.

〈말을 걸다 dirigir la palabra〉

4. 작문 시간 전에 모든 것을 완벽하게 준비했어야 했다. 나는 선생님께서 내가 베낀 작문에 대해 설명을 요구하시리라는 것을 모르고 있었다.

〈모르다 ignorar〉

5. A: 왜 저렇게 퍼질러 잠만 자는 거야? 자기가 한 게 뭐가 있다고 말이지.

   B: 한 주 내내 잠도 못자고 작업을 했을 거야. 작가잖니, 아내인 네가 더 이해를 해주어야 할 것 같다.

6. A: 그저께 Catalina에게 말해 준 비밀을 그녀가 누군가한테 말했을까?

   B: 아무한테도 말하지 않았을 거야. 너는 좀 더 네 친구를 신뢰해야 할 것 같다. 아님, 친구들한테 아무 말도 하지 말든가.

   〈신뢰하다 tener confianza en, depositar confianza en〉

7. 저랑 영화 한 편 보러 가시지 않으시겠어요? 저는 당신과 함께 신나는 영화를 한 편 보고 싶습니다. 아, 시간이 없으세요? 알겠습니다. 그럼, 다음 기회에 가죠.

8. A: 엄마, 이 치마를 좀 다려주시겠어요? 제가 지금 시간이 없어서요. 오늘 중요한 시험이 있어요.

B: 해주고 싶지만, 엄마도 시간이 없구나. 미안하다. 네 일은 항상 너 스스로 할 수 있도록 해야 할 것 같구나.

〈다림질하다 planchar〉

9. 이 사람들은 왜 안 오는 건가? 네가 전화했을 때 예산을 다 짜기는 했을까? 요즘 젊은이들은 말로만 한다고 하지 정작 하지는 않는단 말이야. 믿고 싶지만 도대체 믿을 수가 없어.

〈예산을 짜다 hacer, sacar, preparar el presupuesto〉

10. 우리가 병원 근처에서 Federico을 만났을 때 당신 어머니를 뵙고 나온 거겠지? 당신 어머니는 왜 꼭 손자만 찾으시고, 나는 보려고도 안 하시는 걸까?

11. A: 제가 전화로 행사에 대해서 말씀드렸을 때 이미 사모님께서 초대장을 받으셨겠지요?

B: 그랬겠지. 아니면 너한테 벌써 전화를 여러 차례 했을 거야.

12. A: 왜 기자들이 저렇게 기분 나빠하는 거야?

B: 내 짐작에는 기자들이 인터뷰하려고 찾던 사람들이, 그들이 도착했을 때 벌써 산에서 내려갔기 때문인 것 같아.

〈기자 el periodista / 짐작하다 suponer que〉

13. 핵심을 이야기하자면, 아내는 남편이 그녀와 합치고 싶어 했을 때 이미 극단적인 결정을 내렸을 것이고, 그것이 아마도 그 남자에게 큰 영향을 끼쳤을 거야.

〈합치다 volver a vivir juntos, unirse de nuevo / 극단적인 drástico〉

14. 탐정은 용의자가 삼십분 안에 짐을 가지러 집에 갔을 것이고 집에서 큰 어려움 없이 도주했을 것이라고 말했다.

〈탐정 el detective / 용의자 el sospechoso〉

15. Margarita는 40년 안에 자신도 알아보지 못할 정도로 폭삭 늙어 있을 것이라고 했다.

〈~정도로 폭삭 늙다 envejecerse tanto que~〉

2. 다음 상황을 파악하고 스페인어의 알맞은 문장으로 옮기시오.

[도난 사건]

A: ¿Sabías que en un servicio del aeropuerto a la hija de Pedro y Gertrudis se le perdió la maleta con los pasaportes y las tarjetas de embarque dentro?

B: ¡No me digas! No lo sabía, ¿y qué pasó? ¿Al final pudieron salir de viaje?

A: No sé lo que pasaría con ellos después.

B: La habrían recuperado cuando embarcaron, supongo.

A: Supongo que sí, porque si no, no les habría sido posible subir a bordo.

B: 그런 경우에는 새로 탑승권을 발급했을 거야, 안 그래?

〈발급하다 emitir〉

A: 그게 가능해?

B: 나도 모르겠어. 그렇지만 여권을 보여주면 새로 발급해주지 않을까?

A: 그럼, 마음이 좀 놓이네.

B: 그런데 여권도 여행 가방 안에 있다고 하지 않았어?

A: 아 맞다! 궁금증을 풀기 위해서 오후에 전화를 해서 그날 결국 어떻게 됐는지 물어봐야겠어.

〈궁금증을 풀다 salir de dudas〉

B: 그거 좋은 생각이다!

Tomar apuntes

접속법 현재·접속법 과거

제11과

스페인어에서는 화자의 관점에 따라 표현하고자 하는 바를 나타내는 세 가지의 서법(modo)이 있다. 객관적이거나 현실적인 사실을 표현할 때는 직설법(modo indicativo)을 사용한다. 반면에 접속법(modo subjuntivo)은 주관적인 표현 방법으로 비현실적인 상황을 표현할 때 사용한다. 즉, 발생되었을 가능성이 있거나 발생될 수도 있는 상황을 말하고자 할 때, 그리고 화자의 바람을 표현하고자 하는 경우에도 사용한다. 접속법은 주로 종속절에서 쓰인다. 명령법(modo imperativo)은 화자가 대화자에게 무엇을 하게 할 때 사용하는 서법이다.

접속법 현재

접속법 현재는 현재 혹은 미래의 어느 시점에 있어서 일어날 사건, 행위에 대한 확신이 없는 경우에 사용된다. 접속법은 주로 주절의 동사가 희망, 불신/불확신, 금지/허용, 회의, 부정, 부탁, 권고, 사역, 명령, 화자의 감정을 담고 있는 경우 종속절에서 사용된다.

접속법 현재의 규칙동사:

접속법 현재의 동사변화는 거의 대부분의 경우 직설법 현재 1인칭 단수의 어간을 바탕으로 한다. 직설법 현재 1인칭 단수의 어미 '-o'를 없애고, '-ar' 동사의 경우는 '-e, -es, -e, -emos, -éis, -en'을, '-er' 동사와 '-ir' 동사의 경우에는 '-a, -as, -a, -amos, -áis, -an'을 붙인다. 불규칙 동사의 경우도 마찬가지이다.

bailar (춤추다) - bailo	leer (읽다) - leo	partir (출발하다) - parto
baile	lea	parta
bailes	leas	partas
baile	lea	parta
bailemos	leamos	partamos
bailéis	leáis	partáis
bailen	lean	partan

pagar (지불하다) - pago	tener (가지다) - tengo	salir (나가다) - salgo
pague	tenga	salga
pagues	tengas	salgas
pague	tenga	salga
paguemos	tengamos	salgamos
paguéis	tengáis	salgáis
paguen	tengan	salgan

잠깐!

Pagar의 경우에는 발음을 같게 하기 위해서 page가 아니라 pague로 글자 변화가 일어났다. 이와 같은 동사로는 tocar (toque), buscar (busque)등이 있다.

이 밖에 접속법 현재형태가 완전 불규칙형태를 갖는 동사들이 있다.

ir: vaya, vayas, vaya, vayamos, vayáis, vayan

ser: sea, seas, sea, seamos, seáis, sean

haber: haya, hayas, haya, hayamos, hayáis, hayan

saber: sepa, sepas, sepa, sepamos, sepáis, sepan

1) 명사절에서의 접속법 현재

a. 주절의 동사가 종속절 주어의 행위나 행동에 영향을 미치거나 주어의 감정을 표현하는 경우 주절 동사가 희망이나, 명령, 부탁, 금지, 가치판단, 감정 등의 의미를 가질 때, 종속절에 접속법을 사용한다. 단, 주절의 주어와 종속절의 주어가 달라야 한다.

Quiero que seas mi novia.
나는 네가 내 여자 친구가 되면 좋겠다.

주 절: 주어 (나), 동사 querer (원하다)

종속절: 주어 (너), 동사 ser (되다)

비교: Quiero ser tu novio. 나는 너의 남자친구가 되고 싶다.

Patricia *espera* que su marido vuelva pronto.
Patricia는 남편이 일찍 돌아오기를 기다린다.

주 절: 주어 (Patricia), 동사 esperar (기다리다)

종속절: 주어 (su marido), 동사 volver (돌아오다)

비교: Patricia espera volver pronto.
Patricia는 일찍 돌아가길 기대한다.

El pueblo no *quiere* que haya más reformas laborales. (희망)
국민은 더 이상의 노동개혁을 원치 않는다.

El obispo *anhela* que no estallen nunca más guerras en esa tierra. (희망)
주교는 다시는 그 땅에 전쟁이 발발하지 않기를 갈망한다.

Los profesores *no creen* que Mina sea coreana. (부정)
교수님들께서는 Mina가 한국인이라고 여기시지 않는다.

비교: Los profesores creen que Mina es coreana. (확신)
교수님들께서는 Mina가 한국인이라고 여기신다.

Mi madre me *pide* que lo coma todo. (요청)
어머니께서 나에게 그것을 다 먹으라고 요청하신다.

비교: Mi madre me lo pide. (요청)
어머니께서 나에게 그것을 요청하신다.

Te *ruego* que no me hables así, por favor. (간청)
네게 부탁하는데, 나한테 그렇게 말하지 말아 줘.

Te *advierto* que no vuelvas a hablar más con mi novia. (경고)
네게 경고하건데, 내 여자 친구랑 더 이상 이야기 하지 마.

El director *duda* que su secretaria tenga suficiente capacidad. (의심)
부장님은 자신의 비서가 충분한 능력이 있는지 의심한다.

Siento mucho que no todos vosotros podáis sacar A+. (감정)
나는 여러분 모두가 A+를 받을 수 없어 유감이다.

잠깐!

이 유형에서 접속법을 필요로 하는 주절 동사는 다음과 같다.

희망: querer (원하다), esperar (희망하다), desear (원하다), anhelar (갈망하다)

의구심 / 불확신: dudar (의심하다), sospechar (의심하다), desconfiar (불신하다)

회의 / 부정: negar (부인하다), no creer (~라고 생각하지 않는다), rechazar (거절하다)

부탁 / 권고: pedir (요청하다), solicitar (요청하다), rogar (간곡히 부탁하다), suplicar (간청하다), aconsejar (충고하다)

사역 / 명령 / 경고: mandar (시키다), ordenar (명령하다), decir que (~하라고 말하다), hacer que (시키다), advertir (경고하다)

금지 / 허용: prohibir (금지하다), impedir (막다), permitir (허용하다), dejar (내버려 두다)

감정: sentir (유감으로 생각하다), lamentar (안타깝게 생각하다), temer (두려워하다), sorprenderse por (놀라다), preocuparse por (걱정하다), alegrarse por (기뻐하다)

b. 비인칭 구문의 경우

다음과 같이 불확실, 비현실, 중요성, 가능성, 필요성등을 나타내는 비인칭 구문의 경우 종속절에서 접속법이 쓰인다.

Es imposible que te cases con Sandra. (불가능)
네가 산드라와 결혼할 가능성은 없다.

Es *preciso* que mi colega finalice su tesis cuanto antes. (당위성)
우리 동료가 하루 빨리 논문을 끝마쳐야한다.

Es *bueno* que los estudiantes se acuesten temprano. (가치판단)
학생들이 일찍 잠자리에 드는 것이 좋다.

No es *seguro* que la orquesta venga para la fiesta. (불확실성)
오케스트라가 파티에 올지 확실하지 않다.

비교: Es *seguro* que la orquesta viene para la fiesta. (확실성)
오케스트라가 파티에 확실히 온다.

잠깐!

주절의 내용이 확실하고 분명한 사실들 나타낼 때 종속절에 직설법 동사를 사용한다.

Es verdad (cierto, evidente, obvio, seguro) que Ignacio ama a sus hijos.
Ignacio가 자식들을 사랑하는 것은 사실이다.

2) 형용사절에서의 접속법 현재

형용사절은 복문에서 주절에 나와 있는 명사(선행사)를 수식하는 종속절을 말한다. 선행사가 구체적이고, 특정한 사람이나 사물을 가리키면 형용사절에 직설법을 사용하고, 불특정한 사람이나 사물을 가리키면 접속법을 사용해야 한다.

No hay *nadie* que te pueda ayudar.
너를 도와줄 수 있는 사람이 아무도 없어.

Necesito *un* libro que trate de la historia de México.
나는 멕시코 역사를 다루고 있는 책 한권이 필요해. (특정하지 않은 책)

비교: Necesito el libro que trata de la historia de México.
나는 멕시코 역사를 다루고 있는 그 책이 필요해. (특정한 책)

3) 부사절에서의 접속법 현재

부사절은 주절의 상태나 동작이 발생하는 '시간', '양태', '장소', '이유', '원인', '목적', '조건'등을 설명한다. 종속절의 내용이 이미 일어났거나 습관적으로 발생하는 사실이면 직설법을 사용하고, 아직 일어나지 않았고 앞으로 발생될 것으로 기대되지만, 발생 여부가 불확실하다면 종속절에서 접속법을 사용해야 한다.

Cuando venga tu papá, te aviso.
네 아버지가 오시면 알려줄게.

Me marcharé *antes de que* venga Raúl, le tengo mucho miedo.
Raúl이 오기 전에 난 갈래. 난 그 애가 아주 무서워.

Aunque llueva mañana, haremos el viaje a Valencia.
내일 비가 오더라도 우리는 Valencia로의 여행을 떠날 것이다.

No la voy a ver a menos que (= salvo que) me pida perdón.
그녀가 사과하지 않는 한 나는 그녀를 용서하지 않을 거야.

Hágalo como quiera.
원하는 대로 하세요.

잠깐!

다음과 같은 경우 내용의 확실성에 따라 접속법 사용이 결정된다.

Quiero casarme con una chica a la que amo mucho.
나는 내가 많이 사랑하는 여자와 결혼하고 싶다. (대상이 존재함)
Quiero casarme con una chica a la que ame mucho.
나는 내가 많이 사랑하는 여자와 결혼하고 싶다. (대상이 존재하지 않음)

Haré todo lo que me pides.
네가 나에게 요청하는 모든 것을 하겠다.
(요청하는 것이 무엇인지 알고 있음, 이미 부탁을 한 상태이다)
Haré todo lo que me pidas.
네가 나에게 요청하는 모든 것을 하겠다.
(요청하는 것이 무엇인지 알지 못함, 아직 부탁을 하지 않은 상태이다)

주절과 종속절의 주어가 다르지 않더라도 접속법을 사용할 수 있는 경우가 있다. 아래의 첫 문장은 '우리는 너희 부모님의 허락을 받으면 여행을 갈 것이다'라는 뜻이다. 하지만 이미 실현이 된 경우라면 두 번째 문장과 같이 직설법 과거시제를 사용해야 한다.

Iremos de viaje cuando tengamos el permiso de tus padres. (미래)
비교: Fuimos de viaje cuando tuvimos el permiso de tus padres. (과거).

접속법 과거

접속법 과거의 동사 형태:

접속법 과거는 -ra형과 -se형이 있다. 직설법 단순과거 3인칭 복수에서 '-ron'을 없애고 '-ra (-se), -ras (-ses), -ra (-se), -ramos (-semos), -ráis (-séis), -ran (-sen)'을 붙인다. 대부분의 불규칙 동사의 경우도 마찬가지이다.

bailar (춤추다) - bailaron	beber (마시다) - bebieron	describir (묘사하다) - describieron
bailara/-ase	bebiera/-ese	describiera/-ese
bailaras/-ases	bebieras/-eses	describieras/-eses
bailara/-ase	bebiera/-ese	describiera/-ese
bailáramos/-ásemos	bebiéramos/-ésemos	describiéramos/-ésemos
bailarais/-aseis	bebierais/-eseis	describierais/-eseis
bailaran/-asen	bebieran/-esen	describieran/-esen

주절 동사의 시제가 직설법 현재인 경우 종속절에 접속법 현재를 사용하는 것과 마찬가지로, 주절의 동사가 직설법 과거(단순과거, 불완료과거)이거나 가정미래일 경우 종속절에 접속법 과거 시제를 사용한다. 다시 말하여, 종속절에 주절 동사의 시제와 동시에 일어날 사실이나, 나중에 일어날 가능성이 있는 상황을 말할 때 사용한다.

El año pasado, debido a la continua sequía, los coreanos *esperaban* que lloviera pronto.
작년에 계속된 가뭄으로 한국 국민들은 비가 빨리 내리기를 바랬다.

비교: Estos días, debido a la continua sequía, los coreanos *esperan* que llueva pronto.
요즘 계속된 가뭄으로 한국 국민들은 비가 빨리 내리기를 바란다.

No *creía* que Marta fuera mexicana.
나는 Marta가 멕시코 사람이라고 생각하지 않았다.

비교: No *creo* que Marta sea mexicana.
나는 Marta가 멕시코 사람이라고 생각하지 않는다.

La profesora *dijo* que fueras para entregarle personalmente las tareas.
교수님께서 너더러 직접 과제를 제출하러 오라고 하셨다.

비교: La profesora *dice* que vayas para entregarle personalmente las tareas.
교수님께서 너더러 직접 과제를 제출하러 오라고 하신다.

Mamá *dijo* que lo hicieras tú.
엄마가 그건 네가 하라고 하셨어.

En aquel entonces *anhelaba* que me eligieras a mí.
그때 나는 네가 나를 선택하기를 원했어.

No era cierto que estuvieras ocupado cuando te llamé.
내가 너에게 전화했을 때 네가 바빴던 게 사실이 아니었어.

잠깐!

스페인어에서는 '접속법 과거'를 '불완료 과거' 및 '가정미래'와 마찬가지로 정중한 표현에 사용하기도 한다.

Quería pedirte un favor. (불완료 과거)
Querría pedirte un favor. (가정미래)
Quisiera pedirte un favor. (접속법 과거)
나는 너에게 부탁하고 싶은 것이 있어.

유용한 표현

- **Dar un susto de muerte:** 깜짝 놀라게 하다

  예) Anoche me diste un susto de muerte y no vuelvas a hacerlo nunca más.

  어제 너 때문에 난 너무 놀랐어. 그러니 다시는 그러지 마.

- **Más vale tarde que nunca:** 늦게라도 하는 것이 안하는 것보다 낫다

  예) Aunque te lo he traído con tres horas de retraso, ¿no crees que *más vale tarde que nunca?*

  내가 세 시간 늦게 너에게 그것을 가져왔지만, 늦게라도 가져온 게 안 온 것보다 낫다고 생각하지 않니?

연습문제

1. 다음을 스페인어로 표현하시오

1. 나는 의사가 되고 싶어. 왜냐하면 아프리카에 가서 병들고 가난한 사람들을 도와주고 싶거든. 하지만 우리 부모님께서는 내가 외교관이 되어서 더 중요한 일을 하기를 바라셔.

2. Federico는 Yolanda가 자신을 사랑하는지 확신이 서지 않는다. 술도 마시지 못하게 하고, 친구들과 어울려 다니지도 못하게 한다. 그녀를 정말 사랑하긴 하지만, 그녀와 오래 가지 못할 것 같다고 예감한다.
〈확신을 갖다 estar seguro, sentirse seguro / 예감하다 presentir〉

3. Yolanda는 전에는 Federico가 담배를 줄였으면 좋겠다고 했으면서, 이제는 아예 금연하라고 종용한다. Federico는 Yolanda의 청을 듣기로 했다. 오래 전부터 기침을 해왔거든. 늦었다고 생각할 때가 가장 빠른 때이니 잘 된 일이지.

〈종용하다 sugerir, aconsejar / 아예 del todo, definitivamente / 청을 듣다 hacer caso a~〉

4. 이번에 너희들이 멕시코에 가게 되면 할 일이 많을 것이다. 멕시코에 도착하자마자 일에 착수하길 바란다. 한국어를 하는 현지인을 찾을 필요가 있을 것이다. 너희들이 기간 내에 일을 끝내고 무사히 집에 돌아오길 바란다.

〈기간 내에 dentro del plazo / 무사히 sano y salvo〉

5. 너희들은 우리가 제 시간에 티티카카 호수에 도착하기를 원하잖아. 그러려면 우리가 두 시간 내로 국경을 넘어야 하는데, 대체 뭣들 하는 거야? 왜 협조를 안 하는 거야? 너희들 진짜 거기 가서 한국에서 보지 못한 것을 보고 싶은 거 맞아?

〈이내에 en menos de + 시간〉

6. 비록 지금은 내가 스페인어를 못하는 것이 사실이다. 2년 안에 스페인어를 유창하게 하겠다고 너희들에게 장담한다. 그러나 너희들의 도움 없이는 내 목표를 달성할 수 있을 것 같지 않다.

〈장담하다 asegurar, prometer〉

7. A: 교수님, 이 수업의 목표가 무엇입니까?
   B: 나는 작문을 가르치기 때문에, 여러분들이 한국어로 말하고 싶은 바를 스페인어로 자연스럽게 표현할 수 있기를 바랍니다.

8. 우리 부모님께서는 곧 환갑이 되신다. 그때까지 나는 열심히 일해서, 꼭 두 분을 해외여행 보내드리고 싶다. 그런데 우리 부모님께서 원하시는 것은 내가 가능한 빨리 학업을 마치고 늦지 않게 결혼하는 것이다.

9. 나는 매일 지구온난화로 인한 자연재해가 더 이상 발생하지 않으면 하고 기도한다. 중남미 지역에서 매년 지진으로 많은 피해자가 발생하는 것이 마음이 아프다.

〈지구온난화 el calentamiento global / 지진 el terremoto / 마음이 아프다 dar pena a alguien, dolerle algo a alguien〉

10. A: 어떤 컴퓨터를 원하나요?

B: 저는 제 동생이 들고 다닐 노트북을 원합니다. 가벼우면 좋겠어요. 게다가 저는 학생이기 때문에 가격이 저렴한 것이 중요하지요.

C: 저는 가격은 상관없습니다. 저는 여성용 노트북을 원합니다. 예쁘면 좋겠습니다. 저에게는 브랜드와 모델이 중요합니다.

A: 마음에 드는 것을 선택하실 수 있겠으나, 저는 컴퓨터를 기능을 보고 사시라고 충고하고 싶습니다.

〈가벼운 ligero / 브랜드 la marca〉

11. A: 유로 2012 봤니? 난 거기에 완전히 빠졌어.
B: 물론이지. 스페인 국가 대표 팀보다 더 잘하는 팀은 이 세상에 없을 거야.
A: 나도 그렇게 생각해. 물론 우리 국가 대표팀이 스페인 국가 대표팀보다 더 잘하기를 바라지만 말이야.

〈빠지다 estar enganchado, engancharse, colgarse〉

12. 우리들은 너희들이 도서관에서 공부하고 있으리라는 걸 의심했었는데, 오늘 너희들이 도서관에서 늦게까지 공부하고 있다니 솔직히 너무 놀랍다.

13. Antonio는 상사가 직장에서 내쫓을까 겁이 나서 매일 밤 10시까지 사무실에 남아서 일을 했다. 하지만 상사가 요구하는 걸 다 하기는 불가능했다. 결국 회사에서 쫓겨났다.

〈해고하다 despedir〉

14. 우리 학과 졸업생 중 하나가 내게 열정을 다해 스페인어를 배우라고 조언했다. 그는 국제무대에서 스페인어가 매우 중요하다고 강조하며 자신의 딸들이 스페인어를 전공하지 않는 것을 안타깝게 여겼다.

15. A: 엄마, 엄마가 자꾸 제 남자 친구한테 전화하시는 거 전 너무 싫어요.
B: 나는 보고 싶어서 그랬던 것뿐이다. 난 그게 너희들을 귀찮게 한다고는 생각 못했다.
A: 하지만 오늘도 저녁같이 하자고 부르셨잖아요. 오빠도 제 남자 친구가 불편할까 걱정된다고 했어요.

2. 다음 상황을 파악하고 스페인어의 알맞은 문장으로 옮기시오.

[어학 연수]

A: ¡Bravo! ¡Ya estamos al final del curso!

B: Por fin podremos conocer todos los rincones de la ciudad. ¿Salimos esta noche?

A: Lo siento, pero tengo que regresar a casa para hacer la maleta.

B: ¿Hacer la maleta? Pero, ¿a dónde vas?

A: ¿No te he contado nada? Mañana voy a Panamá. Tomaré un curso de español en la Universidad Católica.

B: Pero, ¿por qué vas con tanta prisa?

A: Es que el curso ya empieza el próximo lunes. El profesor me ha recomendado que llegue con tiempo para los preparativos.

B: Tiene razón. 그런데 네가 공항에 도착하면, 누군가 너를 기다리니?

A: 기다리긴 누가 기다려! 혼자 택시타고 학교까지 갈 거야. 내 생각에는 도착하면 오전 10시라서 위험하지 않을 것 같아. 제발 그래야 할 텐데!

B: 우리 고모님께서 거기 사시는데, 내가 우리 고모님께 연락해서 공항으로 너를 마중 나가 달라고 부탁드릴까?

〈마중하다 recoger〉

A: 아니야, 괜찮아. 선생님도 공항에서부터 혼자서 모든 걸 해결하라고 말씀해주셨어. 나는 그 누구의 도움도 필요하지 않아. 혼자도 할 수 있어.

B: 고집부리지 마. 내가 내일 너 떠나기 전까지 우리 고모님 연락처랑 이메일 보내줄게. 도움이 됐으면 좋겠다.

〈고집하다 insistir, ser terco / 혹시 모르니까 por si las moscas, por si acaso〉

A: 고마워, 방학 때 너랑 함께 시간을 보낼 수 없어서 미안하다.

Tomar apuntes

접속법 현재완료·접속법 과거완료

제12과

접속법 현재완료

접속법 현재완료의 형태: haber의 접속법 현재 + 과거분사

llegar (도착하다)		comprender (이해하다)		conducir (운전하다)	
haya	llegado	haya	comprendido	haya	conducido
hayas		hayas		hayas	
haya		haya		haya	
hayamos		hayamos		hayamos	
hayáis		hayáis		hayáis	
hayan		hayan		hayan	

접속법 현재완료의 용법:

1) 접속법 현재완료는 주절 동사가 현재나 미래일 때 사용하는데, 종속절의 동사가 나타내는 사건이 주절의 시제보다 앞서 발생했을 것이라고 가정하는 경우에 쓴다. 주절에 감정을 나타내는 동사가 사용되었을 때 종속절의 접속법 현재완료는 주절에서 표현하는 감정의 이유를 설명해 준다.

Espero que hayas llegado a tiempo al aeropuerto.
나는 네가 공항에 제때에 도착했기를 바란다.

Las enfermeras *no creen* que Jacinta haya comprendido la explicación del médico.
간호사들은 Jacinta가 의사의 설명을 이해했으리라 여기지 않는다.

Dudamos que Eugenio haya conducido despacio.
우리는 Eugenio가 천천히 운전했으리라는 것에 의구심이 든다.

Me alegro de que hayas llegado bien a tu país.
나는 네가 고국에 잘 도착했다니 기쁘다.

Nos sorprende que, con la edad que tenéis, hayáis podido orinar en la calle sin sentir vergüenza.
너희들 그 나이에 뻔뻔하게 노상방뇨를 할 수 있었다니 참 놀랍구나.

Siento que hayas perdido la maleta.
네가 여행 가방을 분실했다니 난 유감이다.

2) 미래에 완료될 행위를 현재시점에서 희망, 불확신, 회의 또는 부정할 때 사용된다.

El pueblo *no cree* que las autoridades hayan podido resolver el asunto para cuando llegue la comisión europea.
국민들은 EU집행위원회가 도착할 때까지 당국이 그 문제를 해결해 놓을 수 있으리라고 생각지 않는다.

El obispo *anhela* que antes de su llegada al Vaticano se haya aplacado la protesta de los fieles católicos.
주교는 그가 바티칸에 도착하기 전에 가톨릭 신자들의 항의가 진정국면에 들어섰길 갈망한다.

3) 비인칭 구문에서 사용된다.

Es gratificante que la mayoría de los países hayan resistido a la presión de Estados Unidos.
대부분의 국가들이 미국의 압력에 저항했다는 것이 참 다행스러운 일이다.

Es *sorprendente* que los niños hayan terminado ya las tareas.
아이들이 과제를 끝내다니 놀라운 일이다.

Es *imposible* que ella haya llegado antes que yo.
그녀가 나보다 먼저 도착했을 리가 없어.

잠깐!

접속법 현재완료(haya llegado)는 직설법 현재완료(he llegado)와 직설법 미래완료(habré llegado)에 상응하는 접속법 시제이다.

Él ha llegado al Aeropuerto Internacional de Incheon esta tarde.
(시제: 직설법 현재완료)
그는 오늘 오후에 인천국제공항에 도착했다. (가까운 과거에 완료된 상황)

Espero (= Me alegro de) que él *haya llegado* bien al Aeropuerto Internacional de Incheon.
(시제: 접속법 현재완료)
나는 그가 인천국제공항에 무사히 도착했기를 원한다(~도착했다니 기쁘다).
(가까운 과거에 완료된 상황에 대한 화자의 바람이나 감정이 함께 표현될 때)

Él habrá llegado al Aeropuerto Internacional de Incheon mañana a estas horas.
(시제: 직설법 미래완료)

그는 내일 이맘때면 이미 인천국제공항에 도착해 있을 것이다. (미래 어느 시점에 완료될 상황)

No creo que él *haya llegado* al Aeropuerto Internacional de Incheon mañana a estas horas.

(시제: 접속법 현재완료)

나는 그가 내일 이맘 때 인천국제공항에 도착해 있으리라 생각지 않는다.

접속법 과거완료

접속법 과거완료의 형태: haber의 접속법 과거 + 과거분사

aprobar (통과하다)		merecer (자격이 있다)		conseguir (달성하다)	
hubiera (hubiese) hubieras (hubieses) hubiera (hubiese) hubiéramos (hubiésemos) hubierais (hubieseis) hubieran (hubiesen)	aprobado	hubiera (hubiese) hubieras (hubieses) hubiera (hubiese) hubiéramos (hubiésemos) hubierais (hubieseis) hubieran (hubiesen)	merecido	hubiera (hubiese) hubieras (hubieses) hubiera (hubiese) hubiéramos (hubiésemos) hubierais (hubieseis) hubieran (hubiesen)	conseguido

접속법 과거완료의 용법:

1) 주절의 시제가 직설법 과거(단순과거, 불완료과거)이거나 가정미래일 때 이들 시제보다 이전에 일어났을 수 있는 확실치 않은 사건이나 상황을 표현하고자 할 때 접속법 과거완료를 사용한다.

Mi padre *no pensaba* que los ladrones hubieran ido por otro camino.
아버지께서는 도둑들이 다른 길로 갔으리라고 생각하지 않으셨다.

La directora del convento *dudaba* que las monjas hubieran regresado a sus habitaciones convencidas de la situación.
원장 수녀님은 수녀들이 그 상황에 대해서 충분히 납득을 하고 방에 돌아갔으리라 여기지 않았다.

Era *una lástima* que ese candidato presidencial no hubiera aprendido español antes de iniciar la nueva campaña electoral.
그 대선 후보가 선거유세를 펼치기 전에 스페인어를 배우지 못했다는 것은 안타까운 일이었다.

2) 과거에 이루어지지 않았거나, 실행이 불가능했던 사건에 대한 아쉬움을 나타내기도 한다.

¡Quién hubiera podido saberlo!
누가 그 사실을 알 수 있었겠어!

¡Ojalá me lo hubieras dicho antes!
그 사실을 내게 진작 말해 주었더라면 좋았을 텐데!

Me hubiera gustado haber hecho la limpieza.
청소를 했었더라면 좋았었을 텐데.

Hubiera sido mejor ir en metro.
지하철을 타고 갔었더라면 좋았었을 텐데.

3) 알지 못했던 이전의 사건이나 상황을 표현할 때 사용한다.

No sabíamos que hubieras estado en Grecia.
네가 그리스에 있었다는 것을 우리는 모르고 있었다.

Paula *no sabía* que su marido hubiera comprado un piso en una zona bien comunicada de la ciudad.
Paula는 남편이 도심의 역세권에 아파트를 샀다는 것을 모르고 있었다.

4) 가정문에서 과거사실에 반대되는 가정을 나타낸다. 즉 이미 지난 간 과거에 이루어지지 않았거나 불가능했던 사실이나 사건을 가정할 때 사용된다. 이때 조건절에는 접속법 과거완료를, 귀결절에는 주로 직설법 가정미래 완료를 사용한다. (가정문은 13과에 가서 좀 더 자세하게 다루기로 한다)

Si me hubiera casado contigo, habría sufrido muchísimo.
내가 당신과 결혼 했더라면 지독하게 고생을 했을 것이다.

유용한 표현

- **Importar un bledo (= traer sin cuidado):** 전혀 중요하지 않다, 개의치 않다

  예) Me importa un bledo lo que hagas.

  네가 뭘 하든 간에 난 전혀 관심 없어.

  Me trae sin cuidado lo que digas.

  네가 무슨 말을 하든 간에 간 개의치 않아.

- **Estar hasta el copete (= estar harto):** 진절머리가 나다, 지긋지긋하다

  예) Estoy hasta el copete de tus mentiras.

  네 거짓말에 난 지긋지긋하다.

연습문제

1. 다음을 스페인어로 표현하시오

1. 부장님은 다음 주 수요일까지 우리가 이 프로젝트 준비를 다 끝낼 거라고는 생각지 않으셔. 그렇지만 최소한 우리가 위원회가 개최되기 전까지 준비를 끝내기를 바라고 계셔.

   〈최소한 como mínimo / 개최되다 tener lugar, celebrarse〉

2. (1번과 비교 문장) 우리는 다음 주 수요일까지 프로젝트 준비를 끝내지 못할 것이다. 그러니 위원회가 열리면 문제가 생길 것이다.

3. 엄마, Juanito가 고국에 잘 도착했대요. 그가 집에 잘 도착해서 우리 모두 기쁘다고 메일을 쓰려고요. 엄마도 기쁘시죠? 우리가 정을 주지 않았더라면 지금 이렇게 슬프지는 않을 텐데…

〈정을 나누다/주다, 정이 들다 encariñarse〉

4. A: Jorge가 출장에서 벌써 돌아왔다니 놀라워! 좋은 선물을 사왔으면 좋으련만...

(잠시 후 집에서)

A: 여보, 내 선물 사왔지?

B: 미안해, 이번에 다른 것을 할 시간이 전혀 없었어.

A: 내 생각을 하나도 안 했다니 마음이 좀 아프네!

B: 용서해 줘. 다음번에는 자기 생각만 한다고 약속할게. 그리고 무엇을 원하는지 미리 알려줘.

〈놀라운 sorprendente / 여보, 자기야 ¡cariño!; ¡tesoro! / 미리 ya, de antemano〉

5. 스페인 국민들은 정부가 오늘 최악의 예산을 승인한 데 불만을 토로한다. 이 같은 예산으로 인해 극심한 구조조정과 세금인상이 불가피할 전망이다.

〈불만을 토로하다 expresar, manifestar sus quejas (disgustos) / 구조조정 el ajuste estructural〉

6. (5번과 비교 문장) 스페인 정부는 오늘 사상 최악의 예산안을 통과시켰다. 그로 인해, 극심한 구조조정과 세금인상이 확실시 된다.

7. 너희들이 오늘 점심을 싸왔기를 기대한다. 너희가 알다시피, 우리 센터 예산이 대폭 삭감됐다. 오늘 점심부터 무료 급식이 중단되어 참으로 유감이다.

〈대폭 en gran medida / 삭감하다 recortar / 중단하다 suspender, interrumpir〉

8. (7번과 비교 문장) 너희들 점심은 싸왔니? 알다시피, 우리 센터 예산이 대폭 삭감됐어. 오늘 점심부터 무료 급식이 중단되었어. 하지만 걱정하지 마. 연말까지는 이런 상황에서 벗어나게 될 거야.

9. Pablo는 주말에 한잠도 못잔 것 마냥 정신없이 자더라. 우리 아들 침대에서 계속 잘 수 있도록 그 아이를 깨우고 싶지 않았어. 하지만 Pablo의 아빠가 그가 집에서 자는 게 나을 거라고 생각하셔서 우리는 그 아이를 오후 다섯 시에 깨울 수밖에 없었어.

10. 난 너희들이 필요한 것을 사러 간 건지 몰랐지. 너희가 그렇게 했다니 다행이다. 고맙게 생각해. 그렇지만 다음 번에는 너희들이 무엇을 하러 가는 건지 나한테 먼저 말을 해 주었으면 좋겠어.

11. 그날 내가 그 아이의 말을 들어주기만 했어도! 지금 여기에 그 아이가 있다면 이제는 그 아이의 말을 들어주고 그 아이의 고통을 이해할 수 있을 텐데. 그 아이의 문제를 그 전에 알았더라면! 그 아이가 이제 우리 곁에 없다는 게 마음 아프다.

12. 우리 이모님은 내가 다른 여자와 결혼했더라면 더 좋았을 것이라고 생각하셨다. 그렇지만 요즘은 내가 María와 결혼했다는 걸 그 누구보다 만족해하는 사람이 바로 이모님이시다.

〈바로 precisamente〉

13. 나는 외대 대학신문이 미합중국 대통령이 미네르바 강당에서 연설한 사진을 일면에 싣지 않아 유감이었어. 그런데 네겐 전혀 상관없는 거야?

〈게재하다, 싣다 poner en〉

14. 네가 이번 주에 세탁기를 산 게 참 아쉽다. 지난 주에 샀더라면 세일이라서 더 좋았을 텐데. 게다가 돈도 안 받고 집까지 배송해주는 거였는데.

〈세일 중이다 estar de oferta〉

2. 다음 상황을 파악하고 스페인어의 알맞은 문장으로 옮기시오.

[소풍이나 갈 걸 그랬어!]

A: Pero ¡qué calor hace! ¡No pude pegar ojo en toda la noche por este maldito calor!

B: ¡Cuánto me hubiera gustado ir a la isla de Jeju con mis padres!

A: ¡Y yo! ¡Ojalá hubiera ido de excursión con Daniel! Y ahora estaría divirtiéndome en el agua.

B: ¿Tanto te hubiera gustado salir de excursión con Daniel y sus amigos? Pero ¿sabías a dónde iban?

A: ¡Pues no! ¿Por qué lo dices?

B: Porque han ido a un riachuelo que está cerca de la montaña Yumeon y ese arroyo está seco por la falta de lluvia. 그 애들이 잘 지내고 있지 못할 걸.

A: 상관없어! 나는 다니엘과 함께라면 무엇을 해도 재미있어. 지금 그곳에 있다면 얼마나 좋을까.

B: 어제 다니엘이 나한테 전화했는데 차라리 사촌들이랑 해운대에 갔더라면 더 좋았을 것 같다고 하던데. 나는 네가 우리랑 여기 있어서 기뻐.

A: 그건 그렇고 우리가 도착하기 전에 왜 에어컨을 안 틀어놨는지 모르겠어. 의도가 뭐였어? 우리가 더워 죽는 거라도 보고 싶었던 거야?

〈그건 그렇고 a propósito〉

B: 미안해, 그렇지만 나는 나가서 놀 줄 알았지.

A: 그래, 나도 그렇게 생각했었어. 하지만 그렇게 차가 막히리라고 누가 상상이나 했겠어!

B: 그래, 그럼 오늘 밤에는 꼭 나가자.

A: 그렇지만 나는 어제보다도 더 피곤해. 어제 외출했었더라면 좋았었을 텐데.

Tomar apuntes

가정문

제13과

접속사 si가 사용되는 가정문은 '~하면', '~라면', '~했더라면', '~않았더라면' 의 조건절과, '~할 텐데', '~했을 텐데' 등의 귀결절로 구성된다. 스페인어 가정문 중 주로 사용되는 구조는 다음의 세 가지가 있다.

구분	조건절	귀결절
유형 1	Si 직설법 현재	직설법 미래 / 직설법 현재 / 명령형
유형 2	Si 접속법 과거	가정미래
유형 3	Si 접속법 과거완료	가정미래완료 / 접속법 과거완료

가정문 유형 1

현재나 미래에 실현 가능성이 있는 사실을 가정한다. 조건절에는 si와 함께 직설법 현재를 사용하며, 귀결절에는 직설법 미래, 직설법 현재 또는 명령형을 사용한다.

Si voy a Argentina esta vez, estudiaré mucho español y aprenderé también a bailar el tango.
나는 이번에 아르헨티나에 가면, 스페인어도 공부하고 탱고를 추는 것도 배울 거야.

Si Olimpia acepta ese trabajo, ganará lo suficiente y además también tendrá suficiente tiempo libre.
Olimpia가 이 일을 수락하면, 돈도 충분히 벌고 자유 시간도 충분히 가질 것이다.

Dicen que si vamos ahora a Don Gaiferos, nos ofrecerán un buen albariño y dos tapas, todo gratis.
지금 우리가 Don Gaiferos에 가면, 좋은 알바리뇨 와인과 타파스 두 개를 모두 공짜로 제공한다고 한다.

Si aceptas mi amor, te amaré solo a ti hasta la muerte.
네가 내 사랑을 받아준다면, 난 죽을 때까지 너만을 사랑할 거야.

Si vienes ahora, te dejaré (= dejo) dos libros muy interesantes.
네가 지금 오면, 너에게 아주 재미있는 책을 두 권 빌려주겠다.

Si lo quieres ver, te lo enseñaré (= enseño) inmediatamente.
네가 원하면 난 네게 그것을 당장 보여줄게.

Si decides ahora casarte conmigo, podremos (= podemos) casarnos hoy mismo.
네가 지금 나와 결혼하기로 결정하면 우리는 오늘 당장 할 수 있어.

Si tienes hambre, ven inmediatamente.
배가 고프면 즉시 오렴.

Si te encuentras mal, vete al médico y no estés dándome la lata.
몸이 안 좋으면, 병원에 가렴, 날 귀찮게 하지 말고.

Si no quieres hacerlo, déjalo y ya está.
그것을 하기 싫다면, 관둬. 그럼 되잖아.

가정문 유형 2

현재, 미래에 실현 가능성이 전혀 없는 사실이나 현재 사실에 반대되는 가정을 나타낸다. 조건절에는 si와 함께 접속법 과거를 사용하며, 귀결절에는 직설법 가정미래를 사용한다.

Si yo estuviera en tu lugar, no me casaría jamás con un hombre como él.
내가 너라면, 난 그런 남자와는 절대로 결혼 안 할 것 같아.

Si estudiaras más, tú también sacarías buenas notas como tu hermano.
네가 공부를 더 한다면, 너도 오빠처럼 좋은 성적을 받을 수 있을 텐데.

Si yo tuviera dos alas, me gustaría volar hasta una isla deshabitada.
내가 두 날개가 있다면, 무인도까지 날아가고 싶어.

Si mis padres pudieran venir a mi conferencia, se sentirían muy orgullosos de su hijo.
만일 우리 부모님께서 내 강연에 참석하실 수 있다면, 아들을 무척 자랑스럽게 생각하실 텐데.

Si me prestaras ese dinero, yo podría recuperar el negocio y mi familia no tendría por qué seguir en esta mala situación.
네가 그 돈을 좀 빌려 준다면, 난 사업도 다시 할 수 있고 우리 가족도 계속 곤궁한 상황에서 살지 않아도 될 텐데.

Si tuvieras familia, no opinarías de ese modo.
네가 가족이 있다면, 그런 식으로 생각하지는 않을 텐데.

Si tuviéramos más interés sobre el medio ambiente, no usaríamos los vasos desechables con esta frecuencia.
우리가 환경에 대해서 더 관심을 갖는다면, 이렇게 자주 일회용 컵을 사용하지는 않을 텐데.

Amapola habla como si fuera una princesa.
Amapola는 마치 자기가 공주인 것처럼 말한다.

Pijoaparte caminaba de un lado a otro como si fuera un león enfadado.
Pijoaparte는 마치 성난 사자처럼 이쪽에서 저쪽으로 왔다 갔다 하고 있었다.
★ Pijoaparte: 스페인 현대 소설가 Juan Marsé의 작품 *Últimas tardes con Teresa*(1966)의 남자 주인공의 별명

La actriz no se movía como si estuviera muerta de verdad.
그 여배우는 마치 죽은 것처럼 꿈쩍도 안하고 있었다.

Los coreanos usan tanta cantidad de gasolina como si tuvieran unos pozos petrolíferos.
한국 사람들은 마치 한국에서 석유가 나는 것처럼 기름을 펑펑 쓴다.

El señor estaba llorando a gritos, como si hubiera muerto su propio padre.
그 남자는 마치 자신의 아버지가 돌아가셨는 것처럼 통곡하고 있었다.

잠깐!

Como si ~ (마치 ~ 인 것 / ~이었던 것처럼)은 'como si + 접속법 과거 / 접속법 과거 완료'의 형태로 쓰인다.

가정문 유형 3

과거사실에 반대되는 가정을 할 때 사용한다. 조건절에는 si와 함께 접속법 과거완료를 사용하며, 귀결절에는 직설법 가정미래완료를 주로 사용하나 접속법 과거완료를 사용할 수도 있다.

Si hubiéramos salido de casa con el paraguas, no nos habríamos mojado nada.
우리가 우산을 가지고 집을 나섰더라면, 하나도 안 젖었을 텐데.

Si hubieras sacado una A+ más, habrías obtenido la beca.
네가 A+을 하나만 더 받았어도 장학금을 받았을 텐데.

Si yo hubiera tomado aquel medicamento, no habría tenido problemas en la selva.
내가 만약 그 약을 먹었더라면, 밀림에서 문제가 없었을 텐데.

Si no hubiera bebido tanto anoche, me habría despertado a tiempo y así no habría llegado tarde a clase.
내가 어제 과음하지 않았더라면, 오늘 제 시간에 일어났을 것이고 그러면 지각도 안했을 텐데.

Si les hubiéramos escuchado sus problemas, tal vez ellos no se hubieran divorciado.
우리가 그들의 문제를 들어주기만 했어도, 아마 그들은 이혼하지 않았을 텐데.

Si yo no hubiera atendido tu llamada, no hubiera perdido el tren.
내가 네 전화만 안 받았어도, 기차를 놓치지 않았을 텐데.

일반적으로 가정문 유형 3은 si 조건절에서 접속법 과거완료를 사용하여 과거 사실에 반대 되는 상황을 가정한다. 그러나 귀결절에 가정미래를 사용할 경우 현재 사실의 반대상황을 가정할 수도 있다.

Si me hubiera casado con mi primer novio, tendría ahora un hijo de tu edad.
내가 첫 사랑과 결혼을 했더라면, 지금쯤 네 나이 또래의 아들이 있을 텐데.

Si me hubiera tocado la lotería el año pasado, no estaría viviendo de esta manera.
내가 작년에 복권만 당첨되었어도, (지금) 이 모양 이 꼴로 살지는 않을 텐데.

Si te hubiera hecho caso el año pasado y hubiera adquirido esa casa, ahora estaríamos en la calle.
내가 작년에 네 말 듣고 그 집을 샀더라면, 지금쯤 우리 모두 길바닥에 나앉자 있을텐데.

Si tanto te hubieran importado las notas, habrías hecho más esfuerzos y así no me estarías mendigando las notas, ¿no?
너에게 성적이 그렇게 중요했더라면, 더 노력을 했었어야지, 그러면 이렇게 성적을 구걸하지 않아도 되잖니?

유용한 표현

■ **Darle a alguein la lata:** 귀찮게 하다

예) Mi hijo lleva dándome la lata dos meses para que le compre una moto.
우리 아들은 두 달 째 오토바이를 사달라고 조르고 있다.

■ **A la tercera va la vencida:** 칠전팔기, 10번 찍어 안 넘어가는 나무 없다

예) Hijo, no renuncies a Esmeralda. Se dice “a la tercera va la vencida”. Sigue intentándolo.
아들아, 절대 Esmeralda를 포기하지 말아라. 칠전팔기라는 말도 있잖니. 계속 시도해봐.

- **Saltar a la vista (= ser evidente):** 척보면 척이다, 딱 보면 딱 안다. 명백하다

  예) Salta a la vista que están muy enamorados.

  딱 보니, 그들이 사랑에 푹 빠져있네.

- **Echar a perder (= estropear):** 망가지다, 상하다. 수포로 돌아가다. 실패하다

  예) Por el apagón de luz producido durante 7 horas, se echó a perder toda la comida que había en el frigorífico.

  일곱 시간 동안 전기가 나가서 냉장고에 있던 모든 음식이 상했다.

연습문제

1. 다음을 스페인어로 표현하시오

1. 오늘 밤에 엄마랑 같이 가려면, 숙제부터 다 끝내렴. 그렇지 않으면 집에서 한 발자국도 못나갈 줄 알아.

2. 정말 네가 스페인어를 공부하고 있다면, 스페인어로 나를 사랑한다고 해봐. 나 없이는 못 살겠다고 스페인어로 말해보란 말이야. 나랑 사귀고 싶다고 말해봐. 용기가 있다면 스페인어로 결혼하자고 해봐.

〈용기가 있다 ser valiente〉

3. 네가 한국어를 제대로 배웠더라면 지금 우리한테 한국 노래 몇 곡 정도는 가르쳐 줄 수 있을 텐데. 내 생각에 네가 한국에서 한 거라곤 영어를 쓰면서 논 거 밖에 없는 것 같아. 참 한심하다! 시간 낭비! 돈 낭비! 부모님만 불쌍하지!

〈한심하다 ser penoso〉

4. 네가 나라면 이 상황에 어떻게 하겠니? 네가 사랑하지도 않는 여자랑 결혼하겠니? 단지 그녀가 집안이 좋다는 이유로? 난 아니야. 난 모든 것을 양보할 수 있지만 결혼 문제만큼은 양보할 수 없어. 나는 사랑하는 여자와 결혼할 거야.

〈양보하다 ceder〉

5. 네가 그렇게 먹어대지만 않았더라면 그렇게 배가 나오지 않았을 거야. 왜 그렇게 먹어대니? 누가 너 스트레스 주니? 제발 그만 먹어라. 그리고 운동 좀 해라.

6. 제 시간에 저녁을 먹고 나서 일을 했더라면 한 밤중에 저녁 먹지 않았을 거 아니니. 그럼 살이 더 찐다는 거 모르니? 얘야, 제발 식사 시간에는 식사를 하고, 일 할 시간에는 일을 해라.

〈~시간에는 a la hora de〉

7. 네가 한국에서 동사 변화를 다 외웠더라면, 지금 이러고 있지는 않겠지. 외국어를 배우려고 왔으면, 도서관에 혼자 틀어박혀 있지 마. 네가 해야 할 일은 나가서 원어민 친구들이랑 대화를 하는 거야.

〈외우다 aprender de memoria / 틀어박히다 encerrarse〉

8. A: 선생님께서 제 나이시라면, 어떻게 인생을 준비하시겠습니까?

B: 선생님은 대학 때 도서관에서 학점에만 신경을 쓴 것이 후회가 된단다. 대학생 때 다양한 분야에서 다양한 경험을 해야만 한단다. 지금 해보지 않는다면, 대학문을 나서서는 해 볼 수 없지. 그러니 후회하지 않으려면, 겁먹지 말고 덤벼들어 도전해 보거라.

〈분야 el campo / 덤비다 lanzarse〉

9. 한국 기업들이 좀 더 일찍 중남미 시장에 관심을 가졌더라면, 큰 시장을 선점할 수 있었을 텐데. 하지만 지금이라도 늦지 않았다. 그러니 기업이 중남미 시장을 정복하고자 한다면, 유능한 인적 자원에 더 많은 투자를 해야 할 것이다.

〈선점하다 ocupar primeramente / 인적자원 los recursos humanos / 투자하다 hacer inversiones〉

10. 너 왜 그날 수업 빠졌니? 교수님이 멕시코 식당에서 taco 사주셨는데. 왔더라면 정통 멕시코 음식을 먹어보았을 텐데. 주방장이 한국에 온지 얼마 안 되는 유명한 쉐프였거든.

〈정통 멕시코 음식 la auténtica comida mexicana / 주방장 el chef〉

11. 너도 의사 선생님이 내게 처방해주신 샴푸를 쓰면 머리가 덜 빠질 텐데. 네가 내 말을 좀 들었으면 좋겠다. 나는 일주일에 두 번 사용하는데 머리 빠지는 게 많이 좋아졌어.

〈처방하다 recetar / 머리가 빠지다 caerse el pelo a alguien〉

12. 모자 벗어라. 우리 때는 수업에 모자 쓰고 있으면, 선생님께서 밖으로 내쫓으셨었어. 모자를 쓰면 얼굴이 보이지 않으니 선생님은 신경이 쓰인다. 게다가 숙제 안 해 온 게 티가 난다.

〈신경이 쓰이다 molestar / 티가 나다 notarse algo a alguien〉

13. 스마트폰을 가지고 있으면, 내가 재미있는 메시지도 보내줄 텐데. 그러면 너도 너무 재미있을 거야. 게다가 동영상도 보낼 수 있어. 네가 원하면, 싸게 구매할 수 있는 가게를 소개해 줄 수도 있어.

〈메시지 el mensaje / 동영상 el video〉

14. 내가 몇 번만 Inés랑 데이트를 더 했더라도 지금쯤 그녀의 마음을 차지할 수 있었을 텐데. 왜 속담에도 그러잖아. 열 번 찍어 안 넘어가는 나무 없다고. 그렇지만 나는 용기가 없어서 모두 다 수포로 돌아갔어. 좀 더 귀찮게 했어야 되는데.

〈속담 el refrán〉

15. 올해 작문 수업이 꽤 어려웠어요. 하지만 그 덕분에 우리는 내년 중급 작문을 할 때 고생을 덜 하게 될 거에요. 방학 때 남은 연습문제를 다 풀 수만 있다면, 일 년 안에 높은 수준에 도달하게 될 게 확실해요. 누가 알아요,원어민처럼 글을 잘 쓰게 될 수 있을지?

〈중급 el nivel intermedio〉

2. 다음 상황을 파악하고 스페인어의 알맞은 문장으로 옮기시오.

[복권당첨]

A: Estoy feliz.

B: ¿Y eso?

A: Por fin me ha tocado la lotería.

B: ¿De verdad? Y ¿cuánto?

A: 5.000 wones.

B: ¡Qué estúpido eres! ¡Yo pensaba que te habrían tocado algunos millones!

A: Sí, sé que es poca cantidad, pero para mí ha sido la primera vez. Por eso estoy muy feliz. A lo mejor la próxima vez tengo más suerte. ¿Qué harías si te tocaran, por ejemplo, 200.000.000 de wones?

B: Pues ¡qué sé yo! Podría hacer muchísimas cosas, supongo. Me gustaría viajar mucho. Y tú, ¿qué harías?

A: 나는 좋은 일을 하고 싶어. 독거노인이나 고아들을 돕고 싶어. 가능하다면 말라리아와 가난으로 고통 받는 사람들을 도우러 아프리카에 가고 싶어.

〈독거노인 el anciano sin familia / 고아 el huérfano / 말라리아 la malaria /가난 la pobreza〉

B: 그래, 좋아. 하지만 20억으로는 훨씬 많은 일들을 할 수 있어.

A: 나는 그 돈 전부와 내 인생까지도 필요한 사람을 돕는데 쓰겠어. 지금 당장이라도 충분한 돈이 있다면, 그 일을 하고 싶어. 하지만 난 지금 학생이고 부모님께서 주시는 돈으로 살고 있어.

B: 무슨 성자나 되는 것처럼 말하는구나. 그렇지만 네가 알다시피, 꼭 돈 있는 사람만이 선행을 할 수 있는 건 아니야. 어려운 사람을 돕고 싶으면 돈이 없어도 할 수 있어. 복권 사느라 돈을 쓰지만 않았더라도, 그 돈으로 가난한 사람을 도울 수 있었겠다.

〈선행을 하다 hacer buenas obras〉

A: 그래, 네 말이 맞아. 그 돈을 모았더라면, 네 말처럼 그 돈 가지고 뭔가 유익한 일을 할 수 있었겠지. 이제부터라도 다른 삶을 살아야겠어.